EIN KATZENKIND
kommt ins Haus

EIN KATZENKIND
kommt ins Haus

Auf geht's in ein
glückliches Katzenleben

von Susanne Vorbrich

Copyright © 2007 by Cadmos Verlag GmbH, Brunsbek
Gestaltung und Satz: Ravenstein + Partner, Verden
Titelfoto: animals digital/Thomas Brodmann
Fotos: animals digital/Thomas Brodmann, Christiane Pinnekamp, Ulrike Schanz, Susanne Vorbrich
Lektorat: Anneke Bosse
Druck: LVDM, Linz

Alle Rechte vorbehalten.

Abdruck oder Speicherung in elektronischen Medien nur nach
vorheriger schriftlicher Genehmigung durch den Verlag.

Printed in Austria

ISBN 978-3-86127-131-4

Inhalt

**Haustier Katze – Faszination
und Verantwortung** **8**
Pro und kontra Katzenkind 9
Sind sich alle einig? 10
Was eine Katze kostet 11
Zeitaufwand – jeden Tag
und jahrelang 11

**Ein Katzenkind
kommt zur Welt** **14**
Die ersten Schritte 15
Abenteuer Leben 17
Jugendlicher Übermut 17

Welche Katze soll es sein? **18**
Rassekatze oder Hauskatze? 18
Junge oder Mädchen? 19
Handaufzuchten 19
Die Umgebung macht's 20
Besser gleich im Doppelpack 20

**Kätzchen gibt's
fast überall** **22**
Tierheim oder Tierschutzverein 23
Züchter 24
Katze per Inserat 25
Bauernhofkatzen 25

**Der Blick für das
richtige Katzenkind** **26**
Gesund muss es sein! 26
Soziales Wesen 28
Charaktertypen 28
Mitleid ist ein schlechter Berater 28

**Kätzchen ausgesucht:
Was noch zu klären wäre** **30**
Besuche bringen Vertrautheit 30
Was tun, wenn's gar nicht klappt? 31
Wie soll das Kleine
denn heißen? 31

**Von Anfang an
gut ausgestattet** **33**
Der perfekte Transportkorb 34
Katzentoilette und Katzenstreu 34
Schlafplätze und Kuschelkörbchen 37
Kratzbaum und Klettermöbel 38

**Die sichere
Katze-Mensch-WG** **39**
Sicherung von Fenstern 40
Balkonnetze 40
Eine Wohnung voller Verstecke 42
Giftige Pflanzen 43
Die chemische Keule 44
Wo sonst noch Gefahren lauern 44
Sicherheit für die Einrichtung 45

Inhalt

Der große Tag:
Die Katze zieht ein **47**
Viel Zeit und Raum 48
Willkommen im neuen Heim 48
Aufmerksam gelassen bleiben 50
Gewöhnung an andere Katzen 50
Begegnung mit dem Haushund 52
Zweibeiniger Besuch 53

Ernährung –
für Leib und Seele **54**
Spezielles Futter für
spezielle Kätzchen 55
Wie viel, wie oft? 55
Die Qualität von Fertigfutter 56
Feucht- oder Trockenfutter? 56
Futternäpfe und Futterstellen 57
Trinkwasser 58

Körperpflege –
Wellness und Hilfe **60**
Richtig bürsten 61
Ein Blick auf Augen und Ohren 63

Spielstunden –
Spaß muss sein! **64**
Warum Spielen so wichtig ist 65
Das Spielzeug 66
Die Spielregeln 67
Höhepunkte im Katzenalltag 68

Auf geht's zum Tierarzt **69**
Impfungen 70
Wurmkuren 71
Flöhe und Zecken 72
Kastration 72
Typische Kinderkrankheiten 73
Alarmierende Warnzeichen 74

Erziehung –
ein paar Benimmregeln **76**
Sinnvolle Gebote 77
Die guten Seiten
hervorkitzeln 78
„Kätzisch" verstehen lernen 79
Lehrer und Schüler 79
Über den Sinn und
Unsinn von Bestrafung 80

Der Weg zur
selbstbewussten Katze **82**
Lob tut gut 83
Häppchenweise Neues 83
Keine Chance den „Unarten" 83

Nur drinnen
oder auch draußen? **86**
Spezialfall Wohnungshaltung 87
Wenn die große Freiheit lockt 88

Zum Schluss **93**

Tipps zum Weiterlesen **95**

Ein Katzenkind beobachten – das ist in jeder Lebenslage gut für die Seele. (Foto: Brodmann)

HAUSTIER KATZE –
Faszination und Verantwortung

Katzen faszinieren die Menschen seit der Antike. Im alten Ägypten wurden Katzen als Kinder der Göttin Bastet verehrt und schützten die Kornspeicher vor gefräßigen Nagetieren. Im Mittelalter wurden sie wegen ihrer vielen geheimnisvollen Fähigkeiten als Gefährten des Teufels verfolgt.

Heute erfreuen wir uns vor allem an ihrem eigensinnigen Wesen, ihrer unglaublichen Eleganz und vielfältigen Schönheit, an ihrer Anmut, Gelassenheit und Anschmiegsamkeit. Kein Wunder, dass sich in immer mehr Menschen der Wunsch nach einer Katze als Hausgenossen regt.

Oft ist der Wunsch, eine Katze bei sich aufzunehmen, gleichbedeutend mit dem Wunsch nach einem Katzenkind. Katzenkinder sind putzige Wollknäuel, die den ganzen Tag spielen, niedlich sind und uns zum Lachen bringen, so scheint es.

Damit sich Ihr Katzenkind von einem putzigen Wollknäuel zu einem eleganten, anmutigen und gelassenen Katzenwesen entwickelt, muss es unterstützt, gefördert und gepflegt werden. Wenn Sie sich für ein Katzenkind entscheiden, sind Sie für die optimale Entwicklung verantwortlich.

Katzen werden nicht nur wegen ihres Wesens und ihrer Schönheit und Eleganz geschätzt. Sie scheinen obendrein eher anspruchslose Haustiere zu sein, muss man doch mit ihnen nicht wie mit einem Hund Gassi gehen und sie ständig bürsten oder erziehen. Doch ganz so einfach ist es nicht. Katzen brauchen ebenso Zuwendung und Pflege wie Hunde; und vor allem dann, wenn Sie das Kätzchen nur im Haus halten möchten, sollten Sie sich mit einigen katzengerechten Änderungen an Ihrer Einrichtung anfreunden.

den Versuch des Hinaufkletterns zu riskieren. Sie klopfen durch permanentes Ausprobieren ihre Grenzen ab, benötigen Unterhaltung und Beschäftigung, und das wird Ihre Nerven ziemlich strapazieren.

Auch der Appetit von heranwachsenden Kätzchen ist ungeheuerlich. Sie benötigen scheinbar Unmengen an Futter (und somit auch Katzenstreu) und fressen obendrein fast alles, was ihnen zwischen die Zähne kommt – dazu gehören auch Kartoffeln, Knoblauchquark, Weihnachtskekse, Plastiktüten, Schuhbänder, ungeöffnete Briefe und Kabel, um nur die harmlosen Dinge aufzuzählen …

Wenn Sie bereit sind, die Strapazen für Ihre Nerven und Ihren Geldbeutel auf sich zu nehmen, werden Sie jedoch durch die pure Anwesenheit Ihres Katzenkindes entschädigt und sind die nächsten Monate mit Ausrufen wie „Ach wie niedlich", „Schau, was er jetzt wieder macht!" oder einfach nur plötzlichem Gelächter beschäftigt. Die Kleinen sind halt so richtig was fürs Herz.

Pro und kontra Katzenkind

Auch wenn Katzenkinder noch so niedlich sind: Überlegen Sie sich gut, ob es wirklich eine junge Katze sein soll. Denn in der Kindheit kosten Katzen von allem mehr: mehr Zeit, mehr Geld, mehr Nerven. Kätzchen sind quirlig, keine Wand ist zu glatt, kein Schrank zu hoch, kein Vorhang zu dünn und keine Pflanze zu klein, um nicht wenigstens

Reine Gewöhnungssache
Je kleiner das Kätzchen noch ist, umso einfacher ist es an bereits vorhandene Katzen oder andere Haustiere, insbesondere Hunde, zu gewöhnen. Es lässt sich meist perfekt in die Familie integrieren und vor allem an ein Leben als reine Wohnungskatze gewöhnen.

Ein Katzenkind kommt ins Haus

Katzenkinder wirken zerbrechlich, sind aber ziemlich robust. (Foto: Vorbrich)

Sind sich alle einig?

Oft ist es zunächst nur ein Familienmitglied und sogar meist ein Kind, das sich sehnlichst eine Katze wünscht. Der Familienrat sollte dann alle Aspekte berücksichtigen und gemeinsam entscheiden. Nur wenn alle Familienmitglieder zumindest einverstanden sind, sollte eine Katze einziehen. Denn das Haustier ist immer da, und dass ein Kind, das sich so ein süßes Kätzchen als Spielgefährten wünscht, nicht die dauerhafte und vollständige Verantwortung übernehmen kann und soll, ist klar.

Auch die Kombination von Kleinkindern und jungen Katzen kann mitunter problematisch sein. Kleinkinder können selten die Bedürfnisse einer Katze erfassen, geschweige denn ihnen gerecht werden. Meist sehen sie in ihr vor allem eine Art vollbewegliches Stofftier, das immer zu einem lustigen Spiel oder einer plötzlichen Schmuserei zur Verfügung steht. Wo eine abgeklärte, erwachsene Katze einfach ihren Schlafplatz dann schnellstmöglich auf den Schrank (und somit außer Reichweite des Kindes) verlegen würde, ist die junge Katze oft ungehalten und verteidigt sich gegen den aus ihrer Sicht plötzlichen Angriff durchaus mit Klauen und Zähnen.

Hier ist ständige Beobachtung durch eine Aufsichtsperson so lange vonnöten, bis Kind und Kätzchen das rücksichtsvolle Miteinander gelernt haben.

Was eine Katze kostet

Manchmal bekommt man Katzenkinder geschenkt, zum Beispiel von Freunden, Verwandten oder bei ungeplantem Katzen-Familienzuwachs durch eine Zeitungsanzeige. Tierheime und Tierschutzvereine geben junge Katzen meist gegen eine relativ geringe „Schutzgebühr" von etwa 50 bis 100 Euro ab, ein Rassekätzchen vom Züchter wird je nach Stammbaum und Rasse leicht mehrere hundert Euro kosten.

Dazu kommen im ersten Jahr des Katzenkindes Tierarztkosten von circa 200 bis 500 Euro (je nachdem, wie es um die Gesundheit des Tieres bestellt ist und mit welchem Gebührensatz Ihr Tierarzt arbeitet) für Untersuchungen, Impfungen, Entwurmungen und Kastration. Danach folgen jährliche Kosten für Impfungen und (vor allem bei Freigängern) Parasitenbehandlungen.

Wenn das Kätzchen Ihre erste Katze ist, benötigen Sie, selbst wenn Ihr Kätzchen irgendwann Auslauf bekommen soll, eine Grundausstattung an Spielzeug, Toiletten, Kratz- und Klettermöbeln und Körbchen. Rechnen Sie dabei getrost mit mindestens 150 Euro, nach oben ist dort keine Grenze gesetzt.

Für Verpflegung und Katzenstreu fallen mindestens circa 1 Euro täglich an, Tag für Tag, ein ganzes Katzenleben lang. Und wenn Sie Glück haben, können das 18 oder gar 20 Jahre werden.

Zeitaufwand – jeden Tag und jahrelang

Katzen sind sehr eigenständige Wesen, und irgendwo in unserem Hinterkopf spukt immer noch die Vorstellung herum, dass sich Katzen prima mit sich selbst beschäftigen können und uns eigentlich gar nicht brauchen.

Das ist falsch! Zumindest dann, wenn wir die Katze in unsere Familie aufnehmen und nicht einfach nur einem scheuen Wildling draußen täglich ein Schälchen Futter hinstellen.

Ihre Katze ist immer da. Natürlich wird eine Katze, die viel draußen ist, weniger von Ihrer Zeit in

Ein Katzenkind kommt ins Haus

*Junge Kätzchen brauchen ganz viel Zuwendung.
(Foto: Brodmann)*

Anspruch nehmen als eine reine Wohnungskatze. Aber gerade für kleine Kätzchen sollten Sie mindestens zwei, eher drei Stunden täglich einplanen. Und manchmal werden Sie sich fühlen, als schliefen die lieben Kleinen nie!

Selbst eine erwachsene, ruhige und abgeklärte Katze erwartet Ihre regelmäßige Zuwendung. Rechnen Sie mit mindestens einer Stunde täglich, die Sie sich (zusätzlich zur Schmusestunde vor dem Fernseher) um die Katze kümmern werden, manchmal etwas mehr, selten weniger. Denn dazu gehören neben regelmäßigen Spiel-, Streichel- und Pflegeeinheiten auch das Reinigen der Toiletten und der Schlafplätze, der Einkauf von Futter und Streu und das fast tägliche Absaugen der Katzenhaare von Teppichen und Polstermöbeln.

Sind Sie bereit, sich wirklich auf eine Katze einzulassen? Sie sollten bedenken, dass Ihre Katze sich – hoffentlich – wie eine Katze benehmen wird und nicht wie ein Mensch. Es liegt in

Faszination und Verantwortung

Ihrer Verantwortung, die Sprache der Katze zu lernen und ihr ein katzengerechtes Leben zu ermöglichen, auch wenn das für Sie persönlich vielleicht manchmal eine Einschränkung bedeuten kann. Aber schließlich waren Sie derjenige, der nach der Katze gesucht hat – nicht umgekehrt.

Wenn Sie ein kleines Wollknäuel von vielleicht gerade zehn Wochen bei sich aufnehmen, sollten Sie bedenken, dass Sie die Verantwortung für ein ganzes Katzenleben, das tatsächlich bis zu 20 Jahren dauern kann, übernehmen.

Wer versorgt Ihre Katze, wenn Sie selbst im Urlaub sind oder mal krank werden? Überdenken Sie auch noch einmal den finanziellen Aspekt oder die Frage, was aus Ihrem Kätzchen wird, wenn Ihre Lebensumstände sich zum Beispiel durch andere Arbeitsbedingungen oder einen neuen Partner radikal ändern.

Selten lassen sich Katzen mit dem Fernseher beschäftigen – deshalb müssen Sie einiges an Zeit für Ihren Liebling einplanen. (Foto: Vorbrich)

(Foto: Brodmann)

EIN KATZENKIND

kommt zur Welt

Sie wohnen in einer Gegend, in der viele Katzen draußen umherstreunen? Dann haben Sie vielleicht schon einmal die Geräusche gehört, die mit der Paarung bei Katzen einhergehen. Rollige Katzen schreien monoton klagend nach Katern, Kater liefern sich lautstarke und blutige Kämpfe um die paarungswilligen Katzen. Nicht selten werden hinter den fast schon erschreckenden Geräuschen schreiende Kinder vermutet. Die Paarung ist bei Katzen kein zärtliches Liebesspiel, sondern eine meist sekundenschnelle Vereinigung mit dem ausschließlichen Ziel der Arterhaltung.

Ein Katzenkind kommt zur Welt

Die ersten Schritte

Nach einer Tragzeit von 63 bis 65 Tagen kommen meist zwei bis sechs blinde und taube Katzenwelpen zur Welt. Je nach Rasse und Zahl der Geschwister wiegen sie bei der Geburt 80 bis 100 Gramm. Sie krabbeln schnellstmöglich zu den Zitzen der Mutter und beginnen zu saugen. Wenn alles gut geht, die Mutter genug Milch hat oder ausreichend beigefüttert wird, werden sie in den nächsten Monaten wöchentlich circa 100 Gramm zunehmen.

Für die Entwicklung der Kätzchen ist es gut, wenn sie lieber ein paar Wochen länger bei ihrer Mutter bleiben können. (Foto: Pinnekamp)

Nach etwa zehn Tagen öffnen sich die Augen, und die Ohren klappen aus, sodass sich auch das Gehör immer besser entwickelt; wirklich funktionsfähig entwickelt ist es aber erst nach vier Lebenswochen. Nach zwei Wochen bekommen die Kleinen Milchzähne, kurz darauf wird aus dem Krabbeln ein zunächst unbeholfenes, wackeliges Laufen.

Im Alter von gut zwei Wochen lassen sich Katzenbabys bereits zu ersten zaghaften Spielchen verleiten – sie beißen zum Beispiel in den sich bewegenden Schwanz der Mutter oder eines Geschwisterchens. Wenn die Katzentoilette einen sehr flachen Einstieg hat, werden sie spätestens in der dritten Lebenswoche deren Sinn erkannt haben und ihr Geschäft immer häufiger darin verrichten. Immer besser wird auch die Koordination, sodass die Katzenbabys bereits mit vier Wochen zu wilden Jagden und Raufereien in der Lage sind. Die Muskulatur ist schon so kräftig, dass sie Kratzbäume erkrabbeln und kleinere Hindernisse überspringen können.

Der Zahnwechsel sieht ungewöhnlich aus, da erst die neuen Zähne nachwachsen, bevor die Milchzähne ausfallen – schließlich muss das Raubtier immer einsatzbereit sein. (Foto: Vorbrich)

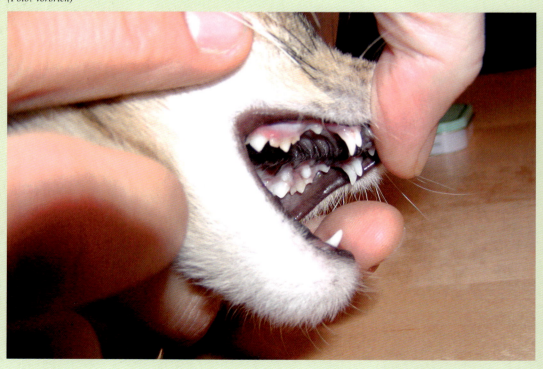

Mit vier Wochen können sie auch bereits feste Nahrung zu sich nehmen, die Mutter produziert immer weniger Milch und verjagt ihre Kinder immer häufiger von ihren Zitzen.

Abenteuer Leben

Immer besser wird jetzt die Koordination, die Umgebung wird vollständig erforscht, die Spiele entwickeln sich zu ernsthafteren Raufereien und Jagdübungen. Auch merken sich die Kätzchen erstmals die Konsequenzen ihres Handelns, gehen nicht mehr arglos auf alles zu, sondern erinnern sich an bereits gemachte Erfahrungen. Sie beginnen zu lernen! In dieser Zeit findet ebenfalls die Sozialisation der Kleinen statt. Wenn sie jetzt schon Erfahrungen mit Menschen oder anderen Tieren, beispielsweise Hunden, machen, sind diese prägend für den Rest ihres Lebens. Also ist es optimal, wenn junge Kätzchen unter Katzen und freundlichen Menschen aufwachsen, damit sie später freundliche Familienkatzen werden.

Mit circa sieben bis acht Wochen sind sie selbstständig genug, um ohne Mutter und Geschwister auszukommen, doch lernen sie immer noch viele wichtige Dinge in der Katzenfamilie, sodass eine Trennung nicht zu früh erfolgen sollte.

Jugendlicher Übermut

Die niedlichen Katzenbabys haben sich zu quirligen kleinen Katzen entwickelt, deren Körper immer leistungsfähiger und zäher wird. Neugierig und aktiv erkunden sie ihr Revier und lernen aus Erfolgen und Fehlern.

Mit gut fünf Monaten kommt der Zahnwechsel, die spitzen Milchzähnchen werden durch das endgültige Raubtiergebiss abgelöst. Bald wird das Kätzchen geschlechtsreif und beginnt vielleicht, das Revier zu markieren. Spätestens jetzt ist die Kindheit abgeschlossen und es wird Zeit für die Kastration.

Die junge Katze ist nun ein übermütiger Jugendlicher, der gern auch schon mal ein wenig über die Stränge schlägt und deshalb nicht nur häufigere Ermahnungen, sondern vor allem auch viel Unterhaltung durch seinen Menschen braucht. Katzen sind mit etwa einem Jahr ausgewachsen, Kater manchmal erst mit eineinhalb Jahren. Dann erst lässt der jugendliche Übermut langsam nach.

(Foto: Brodmann)

WELCHE KATZE

soll es sein?

Katzen gibt es annähernd wie Sand am Meer. Doch nicht nur optisch ist die Vielfalt immens – auch hinsichtlich Charakter und Temperament können Katzen sich völlig voneinander unterscheiden.

Rassekatze oder Hauskatze?

Katzenrassen unterscheiden sich nicht nur im Aussehen. Charakterlich sind manche Rassen wahrhaft kapriziös. Perserkatzen sind sehr hübsch wegen ihrer langen Haare, aber benötigen häufige und zeitintensive Fellpflege. Außerdem sind sie wegen ihrer Stupsnasen oft anfällig für Erkrankungen der Atemwege. Siamesen gelten als besonders agil und vor allem gesprächig, Karthäuser und Britisch Kurzhaar als eher ruhige Vertreter. Je seltener und unbekannter die Rasse, für die Sie sich entscheiden, desto länger müssen Sie suchen und desto teurer wird Ihr Kätzchen mit Stammbaum.

Die normale Hauskatze, auch Europäisch Kurzhaar genannt, ist meist eine recht robuste und unkomplizierte Persönlichkeit, die sich fast überall zurechtfindet. Damit ist sie die perfekte Katze gerade für Familien, die das erste Mal das „Abenteuer Katze" auf sich nehmen. Hinzu kommt, dass Sie eine Hauskatze meist vom Tierschutzverein oder aus dem Tierheim bekommen können und so einem ungewollten und abgeschobenen Katzenkind ein gutes Zuhause bieten können. Auch unverantwortliche Züchter, die lieblos Katzen fast wie am Fließband züchten, weil sie gerade „in Mode" sind, werden so wenigstens nicht noch unterstützt.

Junge oder Mädchen?

Ist es Ihnen wichtig, ob Ihr neues Familienmitglied männlich oder weiblich ist? Manch einem ist das Geschlecht völlig egal, andere haben immer schon einen stattlichen Kater oder doch eher eine elegante Katzenlady haben wollen.

Die Damen sind häufig etwas heikler im Umgang, dafür aber sehr anschmiegsam und werden oft als besonders anhänglich empfunden. Echte Katerkerle dagegen sind meist kleine Draufgänger, oftmals etwas unkomplizierter als die Ladys, werden aber meist auch größer und stärker und sind vor allem beim Spiel nur selten zimperlich.

Handaufzuchten

Mutterlose Katzenkinder oder durch widrige Umstände sehr früh von der Mutter getrennte Katzenbabys, die von Menschen großgezogen wurden, werden meist schon im Alter von fünf bis sechs Wochen vermittelt, da sie pflegeintensiv sind und sowieso keine Mutter haben, von der sie etwas lernen können. Sie entwickeln sich oft zu sehr anhänglichen Katzen, die aber manchmal auch ungeschickter, anfälliger für Infekte und psychisch

Mutterlose Katzenkinder aufzuziehen ist ein ganz schön schwieriges Unterfangen. (Foto: Pinnekamp)

instabiler sind. Ganz gleich, wie viel Liebe, Wärme, Futter und Spieleinheiten Sie für das Kätzchen bereithalten: Die Erfahrung, Führung und manchmal auch Strenge der Katzenmutter können Sie trotz aller Bemühungen nicht ersetzen. Wenn Sie bereits erwachsene Katzen haben, werden diese einen großen Teil der Erziehung übernehmen und dem Kätzchen zeigen, wo es langgeht. Wenn Sie Ihr Katzenkind ausschließlich in menschlicher Obhut aufziehen, lernt es nie, eine echte Katze zu sein. Vielleicht haben Sie später ein auf Sie fixiertes, anhängliches Wesen, das manchmal wie ein unverstandener Mensch im Pelz wirkt. Schlimmstenfalls ziehen Sie einen kleinen Tyrannen heran, der allerhand „Wohnungskatzenneurosen" und Probleme entwickelt.

Die Umgebung macht's

Wichtiger allerdings als die Frage, welcher Rasse oder welchem Geschlecht Ihr neuer Familienzuwachs angehört, sind die Umstände, unter denen das Katzenkind aufgewachsen ist, also die Sozialisierung. Die Umgebung, das Verhalten der Mutter, der Kontakt zum Menschen sowie das Vorhandensein weiterer Tiere prägen oft viel stärker als die typischen Rassemerkmale. Wenn die kleine Katze in den ersten Lebenswochen lernt, dass die Welt gut zu ihr ist, dass Menschen ihre Freunde sind und das Leben Spaß macht, dann wird sie sich zu einem freundlichen, menschenbezogenen Wesen entwickeln.

Trubel oder himmlische Ruhe
Eine Katze, die in einer Familie mit Kindern, Hunden und dem dazugehörigen Trubel aufgewachsen ist, wird sich in einer ebensolchen neuen Familie wohler fühlen als das Kätzchen aus der ruhigen Umgebung eines Singlehaushaltes.

Besser gleich im Doppelpack

Vielleicht haben Sie ja schon eine oder zwei Katzen und möchten jetzt ein Kätzchen zur Gesellschaft anschaffen? In den meisten Fällen wird das gut funktionieren, wenn Sie bei der Eingewöhnung behutsam vorgehen. Wenn Ihre „Erstkatze" jedoch bereits älter ist, nie andere Katzen kennengelernt hat oder Sie eh schon wissen, dass es sich um ein eigenwilliges, heikles Tier handelt, kann es sinnvoll sein, gleich zwei Katzenkinder aufzunehmen, die sich überwiegend mit sich selbst beschäftigen und der vorhandenen Katze nicht ständig auf die Nerven gehen.

Auch dann, wenn Sie Ihrem Katzenkind keinen Freigang gewähren können und es als reine Wohnungskatze gehalten werden soll, empfehle ich Ihnen dringend zwei Katzen. Eine Einzelkatze in der reinen Wohnungshaltung kann sich schnell langweilen, unterbeschäftigt sein und so genannte Unarten entwickeln. Wie katzengerecht Ihre Wohnung auch ist und wie sehr Sie sich mit Ihrer Katze auch beschäftigen: Einen echten

Welche Katze soll es sein?

Katzen sind keineswegs so eigenbrödlerisch, wie oft behauptet wird – im Gegenteil fühlen sie sich erst mit Katzengesellschaft so richtig wohl. (Foto: Brodmann)

Katzenkumpel können Sie einfach nicht ersetzen. Katzen sind keinesfalls die Einzelgänger, für die sie oft gehalten werden. Sie mögen, durchaus Katzengesellschaft – vorausgesetzt, es ist genug Platz vorhanden, um auch mal seine Ruhe zu haben.

(Foto: Pinnekamp)

KÄTZCHEN
gibt's fast überall

Wenn nicht durch den Züchter künstlich geregelt, haben Katzenmütter meist zweimal im Jahr Nachwuchs, und zwar im späten Frühjahr (die sogenannten Maikätzchen) und im Spätsommer (die Herbstkätzchen). Während dieser Zeiten können Sie sich am besten umhören, wo ein zu Ihnen passendes Kätzchen zu finden sein könnte. Im Alter von circa neun bis zwölf Wochen (je nach Lebensumständen und Rasse) ist es dann bereit für ein neues Zuhause. Bis dahin hat das Kätzchen die wichtigsten Dinge, die es für sein Katzenleben benötigt, von seiner Mutter gelernt. Es hat mit der

Mutter und den Geschwistern gerangelt und gekabbelt und hat gelernt, sich zu behaupten, sich durchzusetzen oder sich dem Willen der Stärkeren oder Erfahrenen zu beugen. Es hat ebenfalls gelernt, dass der Mensch als Betreuer die Mutter unterstützt und als „Familienmitglied" akzeptiert wird. Sein Körper und seine Sinne sind nun so weit ausgebildet, dass es „allein" zurechtkommt.

Tierheim oder Tierschutzverein

Wenn Sie keine Katze mit Stammbaum haben möchten, kann ein Anruf beim ortsansässigen Tierschutzverein oder beim Tierheim sinnvoll sein. Dort wartet vielleicht gerade ein Katzenkind darauf, dass Sie ihm ein sorgenfreies und

Aus dem Tierheim gibt es selten Katzen von besonderem Aussehen – trotzdem sind es immer ganz besondere Katzen! (Foto: Vorbrich)

Ein Bild von einer Katze ist diese Ragdoll – liebevoll aufgezogen und prächtig entwickelt. (Foto: Pinnekamp)

verständnisvolles Zuhause bieten. Anderenfalls lassen Sie sich auf eine Warteliste setzen; Sie erhalten dann Bescheid, wenn Katzenkinder zur Vermittlung anstehen. Wenn die Kätzchen nicht im Tierheim oder bei der Pflegefamilie geboren wurden und erst im Alter von einigen Wochen dorthin gekommen sind, ist es möglich, dass die jungen Katzen scheu oder gar etwas verwildert sind und mit Menschen gar nicht viel zu tun haben wollen. Wenn Sie allerdings viel Zeit und Verständnis haben und nicht gerade einen Spielgefährten für Ihr Kind suchen, kann es sehr beglückend sein zu erleben, wie aus einem scheuen Katzenkind ein glückliches Familienmitglied wird.

Erkundigen Sie sich, ob der Tierschutzverein Ihnen auch später noch bei Fragen, Problemen oder Sorgen mit Rat und Hilfe zur Seite steht. Meist erhalten Sie noch Tipps, wie Sie selbst ein scheues Tier zu einer richtigen Familienkatze machen können, und bekommen vielleicht sogar einen Gutschein für eine kostenlose oder günstigere Kastration.

Züchter

Wenn Sie sich für ein Tier einer bestimmten Rasse entschieden haben, bleibt Ihnen nur der Gang zum Züchter. Doch Vorsicht: Nicht jeder, der sich Katzenzüchter nennt, hat diese Bezeichnung wirklich verdient. Leider gibt es skrupellose Menschen, die Katzen unter unwürdigen Bedingungen züchten, um mit den niedlichen Kleinen schnelles Geld zu machen. Damit Sie niemandem aufsitzen, der

Ihnen ein krankes, ungeimpftes oder zu junges Tier ohne menschliche Kontakte verkauft, sollten Sie vorher einige Erkundigungen einholen. Bundesweite Verbände wie der Deutsche Edelkatzenzüchterverband (www.dekzv.de) oder die Vereinigung deutscher Edelkatzenzüchter und -liebhaber (www.vdek.de) führen Listen der ihnen angeschlossenen, seriösen Züchter und geben diese sicherlich gern an Sie weiter. Auch die Tierärzte in Ihrer Nähe werden Ihnen Adressen von verantwortungsvollen Katzenzüchtern geben können.

Eine Rassekatze ist meist etwas spätreifer als normale Hauskatzen. Auch geben Züchter ihre Tiere oft erst ab, nachdem alle wichtigen Impfungen erfolgt sind. Daher wird ein Rassekätzchen erst im Alter von circa zwölf Wochen bei Ihnen einziehen können.

Katze per Inserat

Auch in der Zeitung oder in Internet-Anzeigenseiten werden Kätzchen angeboten. Vielleicht hat jemand versäumt, seine Katze rechtzeitig kastrieren zu lassen, und weiß nicht, wo er die Katzenkinder unterbringen kann. Schlimmstenfalls lässt ein Katzenhalter seine Katze ständig unkastriert nach draußen und hofft, die Katzenbabys per Anzeige immer wieder loszuwerden und dabei sogar noch ein paar Euro zu verdienen. Sehen Sie sich in diesem Fall Menschen, Katzen und vor allem die Katzenkinder genau an, um sicher zu gehen, dass Sie ein gesundes, freundliches Kätzchen bekommen.

Bauernhofkatzen

Auch auf Bauernhöfen sind immer noch häufig die Mutterkatzen unkastriert, und so stellt sich regelmäßig und oft vom Menschen unbemerkt der Nachwuchs ein. Die Katzen haben ihre Nester in der Scheune oder im Stall, den ersten Kontakt zum Menschen haben die Katzenkinder deshalb meist erst, wenn sie schon recht selbstständig sind. Im vermittlungsfähigen Alter von acht bis zehn Wochen können die niedlichen Kleinen schon eine heftige Scheu gegenüber Menschen entwickelt haben, die dann nur mit viel Geduld zu überwinden ist.

Nimmt man sie schon mit sechs Wochen zu sich, können sie nichts mehr von der Mutter lernen und haben so kaum eine Chance, sich zu richtigen Katzen zu entwickeln. Daraus können ernsthafte Verhaltensstörungen entstehen.

Optimal aufgehoben sind sie in einer Familie, in der bereits erwachsene, charakterstarke Katzen leben, von denen sie menschenfreundliches Verhalten lernen können.

(Foto: Brodmann)

DER BLICK FÜR das richtige Katzenkind

Natürlich wünschen Sie sich ein gesundes, gepflegtes Katzenkind mit einem freundlichen Wesen. Gerade wenn Sie Ihren Familienzuwachs aus einer Katzengruppe aussuchen können, können Sie selbst als Laie erkennen, welches Kätzchen das richtige für Sie ist.

Gesund muss es sein!

Logisch, dass die Augen offen, klar und nicht verklebt sein sollten. Sie sollten nicht tränen, die Pupillen müssen sich bei hellem Licht zu einem Schlitz verengen. Leuchten Sie aber dem Katzenkind nicht plötzlich mit einer grellen Lampe in die Augen! Es reicht schon, wenn bei hellem Tageslicht oder voller Raumbeleuchtung der Schlitzeffekt auftritt.

Auch die Ohren sollten innen sauber sein und eine „gesunde Farbe" haben, also nicht bleich, farblos oder gar wächsern wirken. „Ohrenschmalz" kann auf Ohrmilben oder eine Entzündung hindeuten. Die Nase und die Schleimhäute des Mundes sollten rosa gefärbt, also weder farblos durchscheinend (ein Zeichen für Blutarmut) noch kräftig rot (Hinweis auf eine Entzündung) sein. Die Nase sollte kühl bis handwarm sein und weder zu feucht noch zu trocken, also nicht laufen und auch nicht verkrustet oder schorfig sein. Eigentlich sollten auch das Mäulchen und die Zähne sauber sein – vielleicht aber hat es auch gerade erst seine letzte Mahlzeit hinter sich und Mutti ist mit der Wäsche noch nicht nachgekommen.

Das Fell einer gesunden Babykatze ist meist etwas „puscheliger" als das einer erwachsenen Katze. Es ist dicht, sauber und nicht verklebt. Achten Sie hierbei vor allem auf den Afterbereich. Schmierspuren und ein übler Geruch deuten auf Durchfall hin. Der ist bei Katzenkindern (ebenso wie bei Menschenkindern) zwar nicht selten, muss aber doch beobachtet werden. Es kann jedoch auch einfach sein, dass das Fell nach einer gründlichen Wäsche durch die Zunge der Katzenmutter noch feucht ist. Das ist normal und das Fell wird in wenigen Minuten wieder trocknen.

Problematischer ist es, wenn Sie kleine schwarze Krümel im Katzenfell finden – Flöhe! Zu Flohbefall kommt es meist, wenn die Mutter oder andere Katzen der Familie nach draußen gehen und so Flöhe mit einschleppen. Hier ist umgehend ein Flohmittel einzusetzen, um den Katzen den Juckreiz zu ersparen und um Ihre Wohnung flohfrei zu halten, wenn Sie Ihr neues Familienmitglied gleich mit nach Hause nehmen.

Kein Blatt vor den Mund nehmen
Wenn Sie Zweifel am Gesundheitszustand des Kätzchens haben, zögern Sie nicht, den Verkäufer direkt darauf anzusprechen. Vielleicht ist es nur eine Kleinigkeit, vielleicht steckt aber auch eine ernsthafte Erkrankung dahinter. Im Zweifel erkundigen Sie sich bei anderen Katzenhaltern oder bestehen Sie auf einen Tierarztbesuch.

Dieses Katzenkind war nicht nur mutterlos, sondern hatte obendrein eine Bindehautentzündung. Inzwischen hat es sich zu einer gesunden Katzenlady entwickelt.
(Foto: Vorbrich)

Soziales Wesen

Wenn Sie die Katzengemeinschaft das erste Mal sehen, können Sie schon viel über die Sozialisierung der Kätzchen erfahren. Sie sollten freundlich und neugierig auf Sie zukommen. Verstecken sich alle, sobald die Tür geöffnet wird, und kommen auch nach freundlichem Locken nicht zurück? Wenn Sie die Kätzchen nur in der hintersten Ecke des Zimmers, unter dem Bett oder hinter der Kommode erahnen können, dürfen Sie davon ausgehen, dass die Katzen mit Menschen nicht viel am Hut haben und Sie eine Menge Geduld in eine vertrauensvolle Beziehung stecken müssen.

Zumindest dem vertrauten Menschen, der die Katzenfamilie betreut, sollte ein Katzenkind aufgeschlossen und angstfrei entgegenkommen und sich auch ohne Gegenwehr hochnehmen lassen.

Charaktertypen

Ein Katzenkind sollte aufmerksam verfolgen, was in seiner Umgebung passiert. Es sollte interessiert an einem Spielchen sein und zur Begrüßung von bekannten Menschen oder Tieren mit freundlich aufgestelltem Schwänzchen angelaufen kommen.

Wenn Sie ein Katzenkind aus einem Wurf auswählen können, nehmen Sie sich einen Augenblick Zeit, um nicht nur das Aussehen, sondern auch die Charaktere der Wurfgeschwister zu ergründen.

Da gibt es die zurückhaltenden Wesen, die aus sicherer Entfernung oder einem Versteck heraus vorsichtig erst einmal alles beobachten, bevor sie zaghafte Schritte auf den Besuch zumachen.

Es gibt die ganz normalen, die kurz zur Begrüßung vorbeikommen und sich dann wieder den wirklich wichtigen Beschäftigungen im Katzenleben zuwenden – wie etwa dem Leeren des Futternapfes oder dem Anspringen des Geschwisterchens.

Und es gibt die Draufgänger, die Entdecker, die sofort an Ihrem Hosenbein emporkrabbeln oder der Mutter trotz eines ermahnenden Klapses immer wieder in den Schwanz beißen.

Finden Sie heraus, welches Katzenkind sich bei Ihnen am wohlsten fühlen würde und welchem Sie sich gewachsen fühlen. Es ist nämlich durchaus möglich, dass der niedliche kleine Kater auch noch mit zwei Jahren an Ihrem Hosenbein hängen möchte, und ich kann Ihnen versichern, dass das bei einem Prachtkerl von fünf Kilogramm nicht mehr lustig ist.

Mitleid ist ein schlechter Berater

Werden Ihnen bei zwielichtigen Züchtern verwahrloste Kätzchen aus kleinen Käfigen angeboten? Oder vielleicht sogar ein mutterloses Katzenkind auf einem Flohmarkt aus dem Kofferraum eines Autos?

Nehmen Sie das Kätzchen nicht aus Mitleid mit, egal, wie schwer es Ihnen fallen mag. Drehen Sie

Der Blick für das richtige Katzenkind

Wenn Sie Ihr künftiges Katzenkind und seine Geschwister beobachten, können Sie schon viel über seinen Charakter erfahren. (Foto: Brodmann)

sich lieber um und informieren Sie umgehend einen Tierschutzverein, das Veterinäramt oder im Zweifel die Polizei. Anderenfalls haben Sie schlimmstenfalls ein sterbenskrankes Kätzchen gekauft – zumindest aber animieren Sie skrupellose Geldmacher dazu, immer weiter Katzen unter schlimmen Bedingungen zu züchten und an mitleidige Katzenfreunde zu verkaufen.

(Foto: Brodmann)

KÄTZCHEN AUSGESUCHT:

Was noch zu klären wäre

Auch wenn Sie es kaum erwarten können, Ihr persönliches Traumkätzchen mit zu sich nach Hause zu nehmen: In den seltensten Fällen ist das spontan möglich. Doch die Zeit bis zum Einzug des neuen Familienmitglieds können Sie zum Klären einiger wesentlicher Fragen nutzen und schon einige Vorbereitungen treffen.

Besuche bringen Vertrautheit

Vielleicht ist die Katze noch zu jung für eine Vermittlung, vielleicht möchte der Züchter Sie noch etwas besser kennenlernen. Auch die Tierschutzvereine bestehen oftmals auf mehreren Besuchen, damit Sie Ihre Entscheidung nochmals überdenken können. Oft wird die Katze sogar zu Ihnen nach Hause gebracht, damit sich die Tierschutzmitarbeiter ein Bild von der zukünftigen Umgebung ihres Schützlings machen können.

Besuchen Sie Ihr zukünftiges Kätzchen hin und wieder, bis der richtige Zeitpunkt zur Vermittlung gekommen ist. Bitte haben Sie Verständnis dafür, dass der Züchter oder die Tierschutz-Pflegefamilie Sie nicht jeden Abend zu Gast haben möchten, aber Sie werden sicherlich eine vernünftige Regelung finden, und auch derjenige, in dessen Obhut die kleine Katze noch ist, wird sich über Ihr Interesse und Ihr Engagement freuen.

Dufte Vorbereitung
Falls Sie schon Katzen oder Hunde zu Hause haben: Machen Sie sie frühzeitig mit dem Neuankömmling bekannt, indem Sie vom Besuch etwas „Duftendes" mit nach Hause nehmen, zum Beispiel eine nach dem Wurf riechende Kuscheldecke oder ein duftneutrales Tuch, mit dem Sie einige Male über Ihr künftiges Katzenkind reiben und das Sie zu Hause zum Abschnuppern anbieten. Tun Sie dies nach jedem Besuch, dann ist der Familienzuwachs beim Eintreffen nicht mehr ganz so neu, sondern riecht irgendwie vertraut und wird meist leichter akzeptiert.

Was tun, wenn's gar nicht klappt?

Klären Sie rechtzeitig ab, ob Sie das Kätzchen schlimmstenfalls zurückgeben können. Egal, wie sorgfältig Sie das Leben mit Ihrem neuen Katzenkind planen: Manchmal klappt es einfach nicht, es stellt sich eine totale und dauerhafte Unverträglichkeit mit anderen Haustieren heraus oder ein Familienmitglied entwickelt eine ernstzunehmende Allergie.

Und bestehen Sie darauf, dass Sie sich mit Ihren Fragen oder Problemen an den Züchter, den Tierschutzverein oder das Tierheim wenden können. Gerade in der Eingewöhnungsphase können hin und wieder Schwierigkeiten auftreten. Für das Kätzchen ist alles neu und fremd – da ist es kein Wunder, wenn ein empfindsames Wesen mit Futterunverträglichkeiten und daraus resultierendem Erbrechen oder Durchfall, plötzlichen Infektionskrankheiten oder einem seelischen Problem reagiert. Sie können viel ruhiger bleiben, wenn Sie wissen, dass Sie im Zweifelsfall Hilfe bekommen können.

Wie soll das Kleine denn heißen?

Haben Sie sich einen schönen Namen für Ihren Familienzuwachs ausgesucht? Miez, Mohrle oder Minka?

Angeblich hören Katzen besser auf weich klingende Namen mit vielen Vokalen, am besten mit „i".

Allerdings habe ich festgestellt, dass der Name eigentlich nicht sehr entscheidend ist. Ihr Kätzchen wird sich an fast jeden Namen gewöhnen, wenn Sie ihn häufig (und am besten verbunden mit Streicheleinheiten, Futtergaben oder Lob) benutzen. Lassen Sie ruhig Ihrer Fantasie freien Lauf: Nennen Sie den kleinen Kerl, der immerzu alles untersuchen muss, „Sherlock", die zierliche Lady, die ständig mit der Fellreinigung beschäftigt ist, „Chanel" oder den Katzenzwerg, der dauernd versucht, möglichst weit nach oben zu gelangen, „Luis" (nach Herrn Trenker). Ein Duo macht sich gut als „Tristan" und „Isolde", „Tom" und „Jerry" oder, oder, oder.

Haben Sie keine Hemmungen, „Peterchen" in „Kolumbus" umzubenennen, wenn Peterchen der geborene Entdecker ist. Und machen Sie sich keine Gedanken, wenn Sie vor allem in der Anfangszeit Ihre „Tiffy" überwiegend „Lass das" oder „Weg da" nennen. Das ändert sich mit der Zeit (meistens). Wichtig ist es aber, dass Sie den Namen der Katze niemals in der Betonung wie „Lass das" aussprechen, denn der Katzenname soll immer etwas Angenehmes für das Katzenkind sein.

Klare Sache: Dieser aufmerksame Kerl heißt „Naseweiß".
(Foto: Pinnekamp)

(Foto: Pinnekamp)

VON ANFANG AN
gut ausgestattet

Wenn Ihr Katzenkind bei Ihnen einzieht, brauchen Sie einiges an Ausrüstung. Für die erste Katze ist natürlich eine „Katzen-Grundausstattung" erforderlich. In jedem Fall benötigen Sie für das junge Kätzchen spezielles „Babyzubehör" – denn kleine Katzen brauchen einige Dinge einfach eine Nummer kleiner als ihre erwachsenen Artgenossen.

 Ein Katzenkind kommt ins Haus

Der perfekte Transportkorb

Fragen Sie Ihre Katze: Der perfekte Transportkorb ist – kein Transportkorb. Doch leider hat Ihre Katze in diesem Fall nicht mitzureden. Selbst wenn Sie sich für die Ankunft Ihres Kätzchens einen Transportkorb (auch Kennel genannt) leihen können, brauchen Sie bald einen eigenen, denn wenn Ihr Schützling überraschend krank wird, können Sie nicht erst im Bekanntenkreis herumtelefonieren, um einen aufzutreiben.

Kaufen Sie eine stabile, leicht zu reinigende und sicher zu verschließende Kunststoffbox. Sie sollte so groß sein, dass Ihre Katze auch dann noch bequem darin liegen kann, wenn sie eines Tages ausgewachsen ist, und auf jeden Fall Sichtlöcher haben, sodass man sie darin gut beobachten kann (zum Beispiel nach Narkosen). Je größer der Einstieg ist, umso besser ist das Kätzchen – auch noch im Erwachsenenalter – hinein- und vor allem herauszubekommen. Polstern Sie den Transportkorb mit einem alten Handtuch oder einer dicken Tageszeitung. Ein guter Transportkorb ist komplett zu öffnen, damit Sie Ihre Katze nicht durch eine winzige Öffnung zerren müssen.

Optimaler Aufbewahrungsort für den Kennel ist die Wohnung; er dient dann auch als Schlafgelegenheit. Allerdings sind die Transportkörbe meist keine Zierde und stehen deshalb meist im Keller. Bei einem geplanten Tierarztbesuch sollten Sie die Box einige Tage zuvor ganz beiläufig geöffnet in die Wohnung stellen. Üblicherweise verschwindet die Katze dann sofort. Aber nach wenigen Tagen hat sie vergessen, dass die Box „gefährlich" ist und wird sich leichter überlisten lassen – vor allem dann, wenn Sie hin und wieder ein paar Brocken Trockenfutter darin verstecken.

Spätestens an der Wohnungstür oder im Auto wird Ihre Katze anfangen, sich zu beklagen. Vielleicht regt sie sich sogar so auf, dass sie bricht, hechelt oder in die Box macht. Es hilft dann nicht, beruhigend auf Ihre Katze einzureden, das Wehgeschrei wird nur schlimmer. Decken Sie lieber ein Tuch über die Box: Ihre Katze beruhigt sich dadurch schneller und ist obendrein vor Zugluft geschützt.

So bitte nicht!
Weidenkörbe, insbesondere mit rundem Ein- und Ausstieg, sind aus hygienischer Sicht ungeeignet. Außerdem kann sich die Katze hinter dem kleinen Ausstiegsloch verschanzen.
Tragetaschen, bei denen der Katzenkopf im Freien ist, sind nicht ausbruchssicher und auch nicht für einen längeren Aufenthalt, zum Beispiel nach Operationen, geeignet!

Katzentoilette und Katzenstreu

Je nachdem, wie groß Ihr Katzenkind beim Einzug ist, sollten Sie ein Kistchen mit niedrigem Rand kaufen (oder die zusätzlich aufsetzbare Umrandung weglassen). Wenn Ihr kleiner Racker nämlich dringend muss, kann der steile Rand wie ein unüberwindbares Hindernis wirken und zum „Geschäft" vor der Toilette verleiten.

Außerdem kann niemand vorhersagen, welche besonderen Vorlieben Ihre Katze hat. Am besten finden Sie dies heraus, wenn Sie verschiedene Toilettenvarianten (auch mit unterschiedlicher Einstreu) anbieten und beobachten, welche am stärksten frequentiert wird.

Mehrere Toiletten anbieten

In einem Katzenhaushalt gibt es nicht „das Katzenklo", sondern mindestens zwei – grundsätzlich gibt es mindestens ein Klo mehr, als Katzen im Haushalt wohnen, weil Katzen ungern Kot und Urin an der gleichen Stelle absetzen. „Draußenkatzen" in der freien Natur würden das nie tun.

Sie marschieren auf das eine Klo, scharren, als wollten sie sich zum Keller durchbuddeln, setzen sich hochbeinig hin, möglicherweise sogar mit allen vier Beinen auf dem Rand balancierend, gucken verklärt-angestrengt und lassen einen „Haufen" in die Einstreu fallen. Dann scharren sie diesen Haufen mehr oder weniger erfolgreich zu, gehen kurze Zeit später zum nächsten Klo, hocken sich kurz hin und hinterlassen einen kleinen See. Später werden dann die Toiletten für die jeweiligen Geschäfte vertauscht.

Selbst wenn Ihre Katze Freigang bekommen soll, benötigen Sie ein bis zwei Toiletten in der Wohnung, damit nichts „danebengeht".

Welche Toilette soll es sein?

Katzentoiletten gibt es in vielen Varianten und Größen: offen, geschlossen, mit Einstiegsklappen und sogar selbstreinigend. Bieten Sie Ihrer Katze eine nach oben offene Toilette oder eine geräumige mit Deckel an. Tun Sie aber in diesem Fall Ihrer

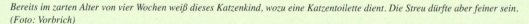

Bereits im zarten Alter von vier Wochen weiß dieses Katzenkind, wozu eine Katzentoilette dient. Die Streu dürfte aber feiner sein. (Foto: Vorbrich)

Ein Katzenkind kommt ins Haus

Katze einen Gefallen und entfernen die Einstiegsluke, denn sie hält den Geruch zuverlässig innerhalb der Toilette, was für die Katze ziemlich unangenehm ist.

Offene Toiletten haben zudem den Vorteil, dass Sie Ihr Kätzchen unauffällig bei dem Geschäftchen beobachten können und so Unregelmäßigkeiten wie Durchfall, Verstopfung oder Blut im Urin oder Stuhl eher bemerken. Außerdem wissen Sie spätestens, wenn Sie etwas riechen, dass es Zeit ist, das Klo zu reinigen.

Manche Katzen bevorzugen allerdings die Abgeschiedenheit eines abgedeckten „Örtchens". Dann achten Sie bitte darauf, dass dieses auch groß genug ist, dass die Katze Platz zum Umdrehen und Scharren hat.

Der geeignete Platz

Stellen Sie die Klos in verschiedene Zimmer, damit die Katze für ihr dringendes Geschäft immer schnell den passenden Platz findet. Platzieren Sie sie jeweils an eine geschützte Stelle, schließlich ist die Katze auf der Toilette ziemlich hilflos. Und ich brauche sicherlich nicht darauf hinzuweisen, dass kein Katzenklo in die Nähe des Futterplatzes gehört – Sie essen ja auch nicht auf der Toilette.

Eine Toilette sollten Sie auf jeden Fall im „Einzugszimmer" Ihres Kätzchens aufstellen, damit es sich nicht allzu weit von seinem ersten Stützpunkt entfernen muss.

Katzenstreu

Katzenstreu gibt es ebenfalls in den unterschiedlichsten Ausführungen: grob oder fein, aus Klumpen bildendem Ton, als saugfähige Granulatkügelchen und sogar als Ökostreu aus gepressten Naturfasern.

Ich persönlich bevorzuge die klumpende Variante, da die Reinigung unkompliziert und der Verbrauch sparsam ist. Gemeinsam haben meine Katzen und ich uns nach langen (und für mich manchmal unangenehmen) Versuchen für eine sehr feinkörnige, wenig staubende Sorte mit dezentem Babypuderduft entschieden.

Vielleicht haben Sie Glück und treffen auf Anhieb die richtige Streu. Wenn Sie nicht ganz sicher sind, füllen Sie die verschiedenen Toiletten mit unterschiedlicher Streu. Sie werden dann bald feststellen, welche Toilette am häufigsten frequentiert wird.

Für empfindsame, winzige Katzenkinderpfötchen sollten Sie zunächst feinkörnige Streu nehmen: Stellen Sie sich vor, wie größeres und somit scharfkantigeres Tongranulat die weichen Pfotenballen malträtiert. Wie soll Ihr Kätzchen da mit Freuden stubenrein werden?

Mindestens täglich
Reinigen Sie die Toiletten täglich. So bleibt auch bei offenen Toiletten der Geruch erträglich, Sie haben einen guten Überblick über die „Geschäfte" Ihrer Katze und können Verdauungsstörungen oder Harnprobleme frühzeitig bemerken.

Schlafplätze und Kuschelkörbchen

Ihr Katzenkind kommt zu Ihnen und ist plötzlich ganz allein. Wenn es vorher in einem Familienverband war, fühlt es sich elend und verlassen. Das Nest der Mutter ist nicht mehr erreichbar. Jetzt sind Sie gefragt, eine kuschelige Alternative anzubieten.

Einen optimalen Nestersatz stellt eine kleine Höhle dar. Das können der Transportkorb, ein auf die Seite gekippter Karton oder ein Weidenkorb sein. Stellen Sie diese Höhle in eine warme, geschützte Ecke des Zimmers, in dem Sie sich selbst am häufigsten aufhalten, und legen Sie sie mit kuscheligen Decken aus. Toll ist es, wenn ein Tuch aus dem Nest der Kinderstube dabei ist. Der vertraute Geruch zieht das Kätzchen zum Schlafen in die Höhle.

Bald wird Ihr Kätzchen allerdings die von Ihnen bereitgestellte Höhle verlassen und sich selbst einen Lieblingsplatz suchen. Ich habe in bester Absicht schon viele Körbchen und Kuschelhöhlen gekauft und an geeignet erscheinende Plätze gestellt, und meistens haben meine Katzen mir zu verstehen gegeben, dass ich von einem katzengerechten Liegeplätzchen nicht die leiseste Ahnung habe. Sie haben sich fast immer ihre Plätze für Tiefschlaf, fürs Dösen, Faulenzen und Beobachten selbst ausgesucht.

Jede Katze hat mehrere Lieblingsplätze, und sie alle haben ihre besondere Attraktivität. Im Winter ist es vielleicht ein Hängekörbchen vor einem Heizkörper oder eine Schrankkante mit

Katzen haben immer mehrere Lieblingsschlafplätze – ob in der warmen Sonne, …
(Foto: Brodmann)

…im kuscheligen Körbchen …
(Foto: Vorbrich)

…oder auch mal an ganz ausgefallenen Orten.
(Foto: Vorbrich)

Dieser Kratzbaum lässt wirklich keine Wünsche mehr offen – aber es geht auch kleiner! (Foto: Pinnekamp)

Sessellehne, ein Küchenstuhl oder eine Sofaecke zählen natürlich auch zu den Lieblingsplätzen, wenn die geliebten Menschen in der Nähe sind.

Katzen legen sich übrigens sehr gern auf Decken oder Kissen. So können Sie die Wahl des Lieblingsplatzes zumindest ein kleines bisschen steuern und den Seidenbezug Ihres Sofas vor schlimmsten Schäden schützen.

Kratzbaum und Klettermöbel

Kratzbäume in der Wohnung sind selbst bei Katzen mit gelegentlichem Freilauf unverzichtbar, sofern Sie noch lange Freude an Ihrer Polstergarnitur haben möchten ... Das Kratzen ist für die Katze zur Pflege der Krallen einfach unerlässlich.

Für Ihr Kätzchen wählen Sie anfangs am besten einen Kratzbaum mit vielen Zwischenstufen, der selbst für ungeübte Klettermaxe einfach zu erklimmen ist. Reichlich daran aufgehängtes Spielzeug erhöht die Attraktivität. Auch für die Körperertüchtigung und den Zeitvertreib sind Kratzbäume unverzichtbar. Hier kann Ihr Katzenkind das Springen, Klettern und Balancieren ausgiebig lernen.

Je nachdem, wie viel Zeit Ihre Katze in der Wohnung verbringt, sollten Sie ihr mehrere stabile und vor allem an interessanten Plätzen stehende Kratzbäume beziehungsweise Klettermöbel anbieten. Und wenn Ihr Kätzchen wächst, lassen Sie auch den Kratzbaum mitwachsen, damit auch die erwachsene Katze noch Freude an dem Klettermöbel hat.

aufsteigender warmer Luft in Heizungsnähe. Im Sommer zieht es die Katze auf den kühlen oder sonnengewärmten Steinfußboden, die Fensterbank oder die Glasplatte auf dem Tisch. Die obere

(Foto: Brodmann)

DIE SICHERE
Katze-Mensch-WG

In Ihrem Haushalt lauern allerhand Gefahren auf Ihr Katzenkind. Denn einerseits ist eine Katze wirklich das mit Abstand neugierigste Wesen, das ich kenne – und wird nur noch übertroffen von einer jungen Katze. Andererseits ist eine Wohnung normalerweise das Gegenteil einer katzengerechten Umgebung, und der beste Instinkt kann eine Katze nicht auf die Absonderlichkeiten menschlichen Lebens vorbereiten. Versuchen Sie also, alles so zu sichern, dass Ihr Katzenkind sich weder einklemmen noch verletzen oder vergiften kann und auch Ihr Inventar nicht zu Schaden kommt.

Sicherung von Fenstern

Fensterbänke sind begehrte Aussichtsplätze für die Katze. Draußen ist immer etwas zu beobachten, im Winter ist die meist unter dem Fenster befindliche Heizung ein Garant für ein warmes Schlafplätzchen, und bei gekipptem Fenster kommen mit der frischen Luft aufregende Düfte in die gute Stube.

Bei dem Versuch, durch den schmalen Spalt in die Freiheit zu gelangen, können Katzen sich schmerzhafte, ja tödliche Verletzungen zuziehen.

Wenn der Spalt zwischen Wand und Fensterrahmen sehr schmal ist, reicht es, das Fenster nur unter Aufsicht zu kippen, bis Ihr Katzenkind so groß ist, dass es nicht mehr hindurchpasst. (Achtung: Ihr Kätzchen passt durch viel kleinere Lücken, als Sie sich vorstellen können!)

Andernfalls empfehle ich Ihnen dringend die Anbringung einer Kippfenstersicherung. Dabei wird ein stabiler Drahtrahmen rund um die Öffnung montiert. Frischluft kann herein, aber die Katze nicht hinaus. Die im Fachhandel erhältlichen Modelle sind allerdings oft für erwachsene Katzen ausgelegt und lassen unten einen zu großen Spalt für Katzenkinder. „Strecken" Sie in diesem Fall die Sicherung durch etwas Kaninchendraht oben und unten.

Große, schwere Blumentöpfe mit entsprechend dichten Pflanzen, die jeweils in der Ecke der Fensterbank stehen und den Spalt verbauen, können ebenfalls eine Sicherung sein. Aber dieser Trick wirkt eigentlich nur, wenn Ihre Katze endlich erwachsen geworden ist, denn große Pflanzen wirken auf Ihr Katzenkind wie eine Einladung für eine Klettertour.

Öffnen Sie einige oder alle Fenster hin und wieder komplett, empfiehlt sich die Anbringung von Fliegengittern, damit die Katze nicht aus dem geöffneten Fenster klettert. Bei Dachflächenfenstern können Sie diese Fliegengitter in passend zugeschnittene Holzrahmen einkleben, die Sie bei Bedarf in das geöffnete Fenster einsetzen. Fliegengitter haben den weiteren Vorteil, dass sie Fliegen, Motten oder Schnaken fernhalten, die für Ihre Katze eine tolle Beute sind, für die sie buchstäblich die Wände hochgeht – und zwar ohne Rücksicht auf bewegliche Teile der Wohnungseinrichtung.

Balkonnetze

Soll Ihr Katzenkind auch später nur in der Wohnung leben, ist es toll, wenn es hin und wieder die „frische Luft" auf einem durch ein Katzennetz gesicherten Balkon genießen kann.

Ein plötzliches, erschreckendes Geräusch beim Balanceakt auf der Balkonumrandung, ein in Reichweite vorbeihuschendes Eichhörnchen oder ein dicht vorbeifliegender Vogel führen dann nicht mehr dazu, dass Ihre Katze vom Balkon springt oder fällt, sich womöglich dabei verletzt oder auf Nimmerwiedersehen verschwindet.

Katzennetze gibt es im Tierfachhandel. Mit einigen in die Wand oder die Balkondecke geschraubten Haken oder am Geländer befestigten Drähten

Die sichere Katze-Mensch-WG

Dieser Balkon ist statt mit einem Netz mit Kaninchendraht in Holzrahmen katzensicher gemacht worden. (Foto: Vorbrich)

lassen sich diese Netze leicht rund um den Balkon spannen.

Erwachsene Katzen klettern übrigens normalerweise nicht an den Netzen hoch – kleine, leichte Katzenkinder tun das schon hin und wieder. Spannen Sie also Ihr Katzennetz so fest, dass oben keine „Luftbögen" entstehen, durch die der kleine Kletterer doch entwischen kann. Ist Ihr Balkon nach oben offen, sollten Sie Ihr Katzenkind so lange nur unter Aufsicht hinauslassen, bis es sicher nicht mehr an dem Netz emporklettert.

Vorsicht, Rechtsfalle
Erkundigen Sie sich bei Ihrem Vermieter oder der Hausgemeinschaft, ob Sie ein solches Netz anbringen dürfen, versichern Sie hierbei den sachgemäßen Aufbau und natürlich auch den schadenfreien Abbau bei einem möglichen Auszug.

 Ein Katzenkind kommt ins Haus

Eine Wohnung voller Verstecke

Wo auch immer in Ihrer Wohnung eine Nische oder ein „Loch" ist, Ihr Kätzchen wird es finden. Katzen sind die geborenen Entdecker und können sich damit stundenlang beschäftigen.

Dennoch gibt es „schwarze Löcher", die Gefahren für die Katze bergen und deshalb unbedingt gesichert werden müssen. Hierzu zählen zum Beispiel alle Großelektrogeräte wie Waschmaschinen, Kühlschränke, Herde (auch Gasherde) und Ähnliches, die zwischen Wand und Gerät genug Platz für eine Katze lassen. Stellen Sie diese Geräte so nah wie möglich an die Wand und sichern Sie mögliche Nischen mit Leisten oder Abschlusskanten.

Sofas, Sessel und Betten mit Federkern oder Bettkästen müssen nach unten geschlossen sein, damit die Katze hier nicht in die Stahlfedern krabbeln kann. Stellen Sie sich lieber nicht vor, was

Platz ist in der winzigsten Lücke. Nicht immer kommen aber auch Kletterkünstler dort wieder heraus. (Foto: Pinnekamp)

sonst passieren kann, wenn Sie sich setzen oder die Katze sich in den Federn verheddert.

Selbst wenn Sie mögliche Gefahrenstellen bereits für ältere Katzen verbarrikadiert haben, sollten Sie Ihre Wohnung nochmals einer genauen Prüfung unterziehen. Denn die junge Katze ist klein, und wenn es etwas zu entdecken gibt, ist sie sogar winzig. Sparen Sie sich die spätere Mühe, den Schrank abzubauen oder die Waschmaschine hervorzuziehen, und sichern Sie große, kleine und winzige Löcher durch Bretter, Schränkchen oder Ziegelsteine.

Verschließen Sie Waschmaschinen, Wäschetrockner, Spülmaschinen, Kühlschränke und Herde immer sofort wieder, wenn Sie sich umdrehen, damit Ihre Katze gar nicht erst in solch eine tödliche Falle krabbeln kann. Denn wenn diese Geräte unbeaufsichtigt geöffnet sind, kann es passieren, dass eine Katze diese interessante, gut riechende und vielleicht sogar noch gemütlich warme Höhle erkundet und sich zu einem Nickerchen einkuschelt. Und werfen Sie noch schnell einen Blick in Ihren Schrank, bevor Sie ihn schließen, vielleicht ist er ja schon von Ihrem Kätzchen bewohnt.

Auch der Toilettendeckel wird immer nach Toilettenbenutzung geschlossen, damit keine Katze von dem meist chemiehaltigen Wasser trinkt oder gar in den Abfluss fällt. Aquarien und Zimmerteiche werden abgedeckt, bis Ihr Kätzchen einigermaßen erwachsen ist, und Badewasser wird nur bei geschlossener Badezimmertür eingelassen. Ein Kätzchen, das Ihnen vom Wannenrand aus beim Bade zuschaut und abrutscht, wird vermutlich keinen großen Schaden erleiden – Ihr Bauch allerdings schon …

Giftige Pflanzen

Vor allem junge Katzen kauen mit Genuss an Grünpflanzen und Schnittblumen. Nicht so sehr, weil sie Appetit auf Grünzeug haben, sondern weil es sich damit prima spielen lässt.

Leider sind viele unserer schönen Blumen und Pflanzen giftig. Tatsächlich unbedenklich sind eigentlich nur essbare Pflanzen oder solche, die essbare Früchte hervorbringen, wie zum Beispiel Zitruspflanzen und Kräuter. In Maßen können auch angeknabberte Grünlilien oder Palmen keinen Schaden anrichten.

Wenn Ihre Katze erst erwachsen ist und weiß, was sich gehört, wird sie ihr Mäulchen von dem verbotenen Grünzeug lassen und sich mit ihr angebotenem Gras oder ein paar Happen Grünlilie hin und wieder zufrieden geben (zur Magenreinigung, wenn Sie nicht alternativ Malzpaste füttern). In den meisten mir bekannten Katzenhaushalten (ebenso wie in freier Natur) gibt es eine Vielzahl bedenklicher Pflanzen, die die Katze nicht interessieren, solange sie andere Möglichkeiten der Beschäftigung hat.

Ein Katzenkind jedoch ist da anders. Es teilt Grünzeug nicht in essbar oder uninteressant ein, sondern in auffressbar, umschmeißbar oder bekletterbar. Deshalb brauchen Sie viel Geduld und energische Worte, bis die lieben Kleinen aus dem Gröbsten raus sind. Falls Ihr Katzenkind allerdings auch im Erwachsenenalter das Anknabbern verbotener Pflanzen nicht verlernt hat, hilft nur der Umstieg auf Zitruspflanzen, Palmen und Kräuter und die Bitte an Ihre Gäste, statt Blumen lieber Wein oder noch besser Katzenspielzeug mitzubringen.

Ein Katzenkind kommt ins Haus

Die chemische Keule

Sicherlich benutzen auch Sie Reiniger, Desinfektionsmittel, Blumendünger, Kosmetika, ätherische Öle, Medikamente und Farben, ohne groß darüber nachzudenken. Dabei enthalten fast alle diese Mittel ätzende, toxische oder doch gesundheitsbedenkliche Stoffe und gehören unbedingt sorgfältig weggeschlossen.

Setzen Sie vor allem Putzmittel in Maßen ein und steigen Sie auf „Ökoreiniger" um. Katzen laufen durch das Wischwasser oder angeln nach dem Putzlappen, und so kann Reiniger auf Fell und Pfoten kommen. Instinktiv putzt Ihr kleiner Liebling die giftige und ätzende Verunreinigung sauber – mit seiner Zunge.

Auch Kosmetika sind nicht unproblematisch. Einige Katzen finden den Geschmack von Cremes und Parfum unwiderstehlich und möchten die Haut abschlecken, die gesalbt und beduftet ist. Vielleicht machen sie dies ja auch nur, damit ihr Mensch wieder nach ihrem Menschen riecht. Schieben Sie Ihre Katze unerbittlich weg, selbst wenn Sie diesen Vorgang als niedlichen Liebesbeweis empfinden.

Wo sonst noch Gefahren lauern

Jeder Haushalt birgt noch so manche weitere ernsthafte Gefahr für ungestüme und neugierige Katzenkinder:

• **Herumliegende Nähnadeln** mit Fadenenden sind ein interessantes Spielzeug, das die Katze aber schnell verschlucken kann. Schwerste innere Verletzungen im Bereich von Rachen, Speiseröhre, Magen oder Darm können die Folge sein. Ebenso gefährlich ist Satin-, Bast- oder Kräuselband, zum Beispiel als Tischdekoration oder Geschenkband. Es lädt unwiderstehlich zum Spielen ein und kann beim Verschlucken mit seinen scharfen Kanten den Darm einer Katze buchstäblich in Stücke schneiden.

• **Heiße Herdplatten** decken Sie bitte nach dem Kochen am besten bis zum Auskühlen mit einem passenden Topf ab. Katzen riechen verlockende Düfte und springen, und das nicht nur einmal, auf den noch heißen Herd.

• Auf **Kerzen** brauchen Sie übrigens nicht verzichten: Steigen Sie einfach auf hochwandige Teelichthalter oder Windlichter um und lassen Sie diese niemals unbeaufsichtigt brennen.

• Auch **Kabel** finden Katzenkinder mitunter unwiderstehlich. Schlimmstenfalls kann sich Ihr Kätzchen hier einen schlimmen Stromschlag holen. Sichern Sie herumliegende Kabel in Kabelschläuchen (gibt's in Einrichtungshäusern oder im Heimwerkermarkt) und erziehen Sie Ihr Katzenkind nachdrücklich durch Anfauchen oder den Einsatz der Wasserpistole (siehe Seite 81), die spitzen kleinen Zähne von den Kabeln zu lassen.

• **Zimmer- und Wohnungstüren**, die häufig geöffnet und geschlossen werden, fordern Ihr Katzenkind übrigens ebenso wie eine erwachsene Katze ständig heraus. Schließlich ist fast jede Katze immer am liebsten eigentlich auf der jeweils anderen Seite der Tür. Beim spät entschlossenen Hindurcheilen kann es schnell passieren, dass sie zwischen Tür und Rahmen eingequetscht wird.

Schließen Sie Türen vorsichtig und sichern Sie sie gegen Zugluft.
Eine weitere gefährliche Herausforderung ist der schmale Spalt zwischen geöffneter Tür und Rahmen, durch den man als Katze so prima die Pfote stecken und imaginäre Beute angeln kann. Schnell bewegt sich die Tür und die Pfote wird gequetscht. Hier kann ein Feststeller Abhilfe schaffen.
• **Treppen** können gefährlich werden, wenn sie glatte und zudem offene Stufen aus Holz oder Metall haben. „Üben" Sie das vorsichtige Treppenlaufen einige Male mit Ihrem Katzenkind, indem Sie es unter Aufsicht langsam hinauf- und hinunterlocken – dann wird es bald keine Probleme mehr mit der Treppe haben. Bis dahin sollte der Treppenaufgang mit einem hohen Brett oder Ähnlichem gesichert werden.

Sicherheit für die Einrichtung

Auch wenn Sie manchmal einen anderen Eindruck haben: Ihr Katzenkind zerstört niemals Dinge aus reiner Zerstörungswut. Es probiert aus, was sich alles bewegen lässt, und wenn es dann um- oder hinunterfällt: Pech. Pech vor allem, wenn es sich um eine kostbare Vase und nicht nur um einen Plastikbecher handelt.

Das Erklettern und Anspringen von Gegenständen macht Ihrem kleinen Racker ebenso viel Spaß wie der herausfordernde Klettergarten aus Gardinen, solange er noch ein Federgewicht von ein oder eineinhalb Kilogramm ist.

Ihr Kätzchen auf Klettertour kann sich nicht vorstellen, wie gefährlich zuschlagende Türen sind. (Foto: Vorbrich)

Blumentöpfe sollten ab sofort unbedingt sehr stabil sein und kippsicher stehen. (Foto: Vorbrich)

Natürlich können Sie das Kätzchen in Maßen erziehen. Aber selbst beim besten Willen können Sie nicht immer aufpassen. Nicht jedes Katzenkind ist ein Gardinenkletterer, aber wenn Gefahr für Ihre Vorhänge besteht, binden Sie sie eine Weile hoch. Wenn das Kätzchen erst ausgewachsen ist, macht ihm das Erklimmen der Gardinen keinen Spaß mehr.

Ihre kostbaren und zerbrechlichen Dekorationsobjekte allerdings wandern besser dauerhaft hinter Glas in eine Vitrine oder in ein wirklich unerreichbares Regal. Die für die Katze erreichbaren Flächen bleiben schweren, stabilen, unzerstörbaren oder ersetzbaren Dingen vorbehalten. Übrigens sollten auch Ihre Blumentöpfe und Vasen ab sofort schwer und standfest sein.

Möbel aus Rattan allerdings sind ebenso wie Textiltapeten für keine Katze geeignet, egal welchen Alters. Manche lassen diese Einrichtung vielleicht in Ruhe, aber die meisten Katzen können wirklich nicht zwischen Rattan, Textiltapete und Kratzbaum unterscheiden. Am einfachsten und nervenschonendsten ist es, wenn Sie dies bei der nächsten Renovierung einfach berücksichtigen.

(Foto: Vorbrich)

DER GROSSE TAG:
Die Katze zieht ein

Endlich kommt der große Tag! Endlich kommt das Katzenkind! Diesen Tag sollten Sie mit Bedacht auswählen. In Ihrer Wohnung sollte es ruhig sein und die nächsten ein oder zwei Tage auch bleiben. Also bitte keine Feiern, kein ständig ein und aus gehender Besuch, dem Sie stolz den neuen Mitbewohner vorführen. Ihr Katzenkind kommt in eine völlig neue, ungewohnte Umgebung. Alles riecht anders, überall sind Geräusche, die es noch nicht kennt. Wenn jetzt auch noch ständig Fremde

Ein Katzenkind kommt ins Haus

kommen und gehen, kann Ihre Katze schnell überfordert werden. Und selbst der größte Draufgänger wird vielleicht auf einmal ängstlich.

Viel Zeit und Raum

Planen Sie reichlich Zeit für Ihren neuen Mitbewohner ein. Hierfür bietet sich ein Wochenende an oder ein kurzer Urlaub, den Sie ganz gemütlich zu Hause verbringen. Geben Sie sich und dem Katzenkind Zeit, sich kennenzulernen und Vertrauen zu schaffen.

Platzieren Sie alles, was die Katze glücklich machen soll, in den Räumen, die für die ersten Tage der Lebensraum Ihres Katzenkindes sein werden: Futterplatz, Katzentoilette, eine Wasserstelle, eine Spielstelle in Form eines katzenkindgerechten Kratzbaumes und ein Kuschel- und Schlafplätzchen. Sie werden dann später, wenn sich Ihr Familienzuwachs etwas eingewöhnt hat, den Lebensraum nach und nach erweitern und mit der Katze gemeinsam entscheiden, welche die am besten geeigneten Plätze für all die Katzenutensilien sind. Kontrollieren Sie die Wohnung nochmals auf mögliche Gefahrenquellen und „schwarze Löcher".

Willkommen im neuen Heim

Ist die Katze dann endlich da – natürlich noch im geschlossenen Transportkorb –, tragen Sie sie in Ihren Lebensmittelpunkt, etwa das Wohnzimmer oder die Wohnküche.

Öffnen Sie nun die Tür des Transportkorbes, setzen Sie sich in die Nähe und warten Sie in Ruhe ab, was passiert.

Für die schönsten Momente
Falls Sie noch keine Kamera besitzen, sollten Sie sich spätestens für diesen Moment eine anschaffen! Ob Sie Videos oder Fotos vorziehen ist Geschmackssache, aber von dem Moment an, da Ihr Kätzchen Ihre Wohnung betritt, sollten Sie immer eine „schussbereite" Kamera in Reichweite haben. Die unvergleichlichen Motive, die sich Ihnen ab sofort bieten werden, sind jede Menge Bilder wert.

Ihr Kätzchen wird vorsichtig den Korb verlassen und sich, immer mit der Möglichkeit des Rückzuges in den sicheren Korb oder eine Zimmerecke, langsam die direkte Umgebung „erarbeiten". Es schaut sich um, geht einige vorsichtige Schritte, schnuppert an Teppich, Möbeln und vielleicht Ihren Beinen, dreht seine Ohren in die Richtung eines jeden ungewohnten Geräusches. Sie dürfen natürlich sanft und beruhigend mit Ihrer Katze sprechen. Heben Sie Ihre Stimme etwas an, die meisten Katzen mögen keine tiefen Stimmen. Wenn Sie das Gefühl haben, dass die Katze nicht ängstlich, sondern nur vorsichtig wirkt, dann

Der große Tag: Die Katze zieht ein

setzen Sie sich ohne hastige Bewegungen zu ihr auf den Boden. Sie wirken dadurch kleiner und nicht so bedrohlich.

Nach einiger Zeit, im günstigsten Falle bereits nach einigen Minuten, vielleicht aber auch erst nach ein oder zwei Stunden, hat die Katze alles Wesentliche inspiziert. Dann können Sie sie vorsichtig streicheln, sie zu ihrem Futterplatz locken und mit ihr spielen.

Andere Katzen sind von Anfang an sehr selbstbewusst – regelrechte Draufgänger. Kaum haben Sie die Tür des Transportkorbes geöffnet, stolziert ein forsches Kätzchen mit hocherhobenem Kopf und aufgerichtetem Schwanz heraus. Es schaut sich kurz um, streift ausgiebig mit dem Kinn über alle erreichbaren Gegenstände und hat die neue Umgebung als sein Heim akzeptiert. Vielleicht streicht es Ihnen um die Beine, springt gar auf Ihren Schoß, sucht prompte Unterhaltung, verlangt eine anständig gefüllte Futterschale oder nutzt umgehend die Katzentoilette.

Dann gibt es noch ganz besonders schüchterne Katzenkinder. Der Transport und die neue Umgebung haben das Kätzchen verunsichert. Vielleicht verlässt eine solche Katze den Korb längere Zeit gar nicht, vielleicht schleicht sie in tiefster Gangart

Keine Sorge: Auch etwas schüchterne Vertreter werden nach kurzer Zeit mutig und aufgeweckt. (Foto: Pinnekamp)

heraus und flüchtet sofort hinter den nächsten Schrank oder unter das Sofa. Und dort ist sie lange Zeit weder mit Leckerbissen noch mit guten Worten hervorzulocken. Sie ist durcheinander und hat Angst, schließlich weiß sie nicht, ob vielleicht fürchterliche Ungeheuer auf sie lauern.

Lassen Sie dieses Katzenkind eine Weile in Ruhe. Stellen Sie eine Katzentoilette in Reichweite des Verstecks, außerdem ein Wasserschälchen und ein wenig zu fressen. Setzen Sie sich ruhig dazu, lesen Sie, unterhalten Sie sich, sehen Sie (leise) etwas fern, hören Sie sanfte Musik. Und lassen Sie die Katze in Ruhe. Geben Sie ihr so viel Zeit, wie sie benötigt. Spätestens nachts, wenn es ganz still ist, wird sie vorsichtig die Wohnung erkunden. Vielleicht wird sie sich am nächsten Tag nochmals vor Ihnen verstecken. Vermeiden Sie möglichst alles, was die Katze erschrecken könnte, wie Lärm oder hektische Bewegungen. Dann wird sie früher oder später feststellen, dass ihr keine Gefahr droht, neugierig immer häufiger hervorkommen und bald ein ganz normales Katzenleben aufnehmen.

Aufmerksam gelassen bleiben

Wenn Ihr Kätzchen endlich bei Ihnen eingezogen ist, sind zunächst alle Beteiligten ganz aufgeregt: Ihr Katzenkind, weil es fast minütlich Neues entdeckt und dazulernt; andere Tiere im Haus, weil sie erst einmal herausfinden müssen, was dieser Zwerg wohl vorhat; und vor allem Sie selbst, weil Sie sich Gedanken machen, ob es Ihrem Katzenkind wirklich an nichts fehlt und es sich gut eingewöhnt.

In den ersten Tagen im neuen Heim ist es nicht ungewöhnlich, wenn ein Katzenkind, übrigens ebenso wie manche erwachsenen Katzen, kleine Probleme mit seiner Gesundheit bekommt. Alles ist so neu und aufregend, dass der kleine Katzenkörper manchmal einfach etwas überfordert ist.

Dadurch kann es zu Appetitlosigkeit, Erbrechen oder Durchfall kommen. Geben Sie Ihrem Kätzchen ein bis zwei Tage Zeit, sich richtig einzugewöhnen, dann sollte alles wieder normal sein. Sonst sollten Sie mit den vorherigen Pflegeeltern Ihres Katzenkindes sprechen oder den Tierarzt aufsuchen.

Gewöhnung an andere Katzen

Haben Sie bereits Katzen? Keine Angst, gerade Katzenkinder sind meist in Erwartung eines Spielkameraden sehr aufgeschlossen gegenüber allen Mitbewohnern. Von der anderen Seite aus kann es da manchmal schon mehr Probleme geben. Nicht jede erwachsene Katze ist von dem Störenfried begeistert. Ein erster Kontakt sollte also nur unter Aufsicht stattfinden. Nicht selten marschiert Ihr Katzenkind mit freundlich aufgestelltem Schwänzchen auf den anderen Vierbeiner zu – und fängt sich ein paar saftige Ohrfeigen ein. Das Kätzchen lernt daraus schnell und wird den nächsten Annäherungsversuch vorsichtiger gestalten. Andererseits kann es auch passieren, dass Ihr neues Kätzchen durch die ihm fremden Katzen so verschreckt ist, dass es flüchtet oder faucht. Bieten Sie auf jeden Fall ein Versteck an, zum Beispiel einen Karton mit Schlupfloch oder den geöffneten Transportkorb.

Seien Sie bereit, schlimmstenfalls bei einem Kampf (bei dem Ihr Katzenkind den Kürzeren ziehen würde) einzugreifen, aber halten Sie sich so weit wie möglich zurück. Das Kennenlernen geschieht meist durch ausgiebiges Beschnuppern.

Danach ignoriert man sich möglichst, um vielleicht wenige Stunden später mit der Schnüffelei von vorn zu beginnen.

Möglicherweise ist die Katze mit den älteren Rechten verstimmt und schmollt ein wenig auf dem Schrank oder in ihrer Höhle, aber meist wird der Neuankömmling bereits nach kurzer Zeit so weit geduldet, dass Sie sich keine Sorgen machen müssen. Eine echte Freundschaft entwickelt sich dann im Laufe der Zeit meist ganz von allein.

Nach dem ersten Beschnuppern gewöhnen sich junge und erwachsene Katzen oft sehr schnell aneinander. (Foto: Brodmann)

Ein Katzenkind kommt ins Haus

Begegnung mit dem Haushund

Ein Hund, der bereits Katzen in Ihrem Haushalt kennt, wird in dem Katzenkind vor allem einen neuen Spielgefährten sehen. Das kann für Wohnung und Kätzchen gefährlich werden, sodass Sie anfangs immer bei den Begegnungen anwesend sein sollten. Bald wird Ihr Kätzchen lernen, sich in Sicherheit zu bringen, wenn das Spiel zu wild wird, vorausgesetzt, Sie bieten genügend Rückzugsmöglichkeiten für das Kätzchen an. Wenn Sie einen Hund haben, der bislang noch nicht mit Katzen zusammengelebt hat, empfehle ich allerdings, die Begegnungen so lange nur unter Aufsicht zuzulassen, bis Sie ganz sicher sein können, dass Ihr Hund das Kätzchen nicht für ein Beutetier hält. Mimik und Gestik von Katzen und Hunden unterscheiden sich nicht nur vollständig voneinander, sondern bedeuten zum Teil sogar das komplette Gegenteil.

Erstaunen pur: Das kann doch keine Katze sein!
(Foto: Pinnekamp)

Zweibeiniger Besuch

Bereits nach zwei oder drei Tagen sollte sich Ihr Kätzchen eingewöhnt haben. Jetzt können Sie es auch an den Besuch „fremder" Menschen gewöhnen. Nichts ist frustrierender – für Sie, den Besuch und nicht zuletzt für die Katze – als eine Katze, die sich beim Geräusch der Klingel unter dem Bett versteckt und erst wieder hervorkommt, wenn das Schließen der Haustür die besuchsfreie Wohnung ankündigt.

Deshalb ist es wichtig, es bereits früh mit möglichst vielen Menschen bekannt zu machen. Solange es noch jung ist, ist ein Katzenkind neugierig und aufgeschlossen. Laden Sie also gern Familie, Freunde oder Nachbarn ein, den Neuankömmling zu begrüßen. Natürlich nicht alle gleichzeitig, doch regelmäßiger Besuch, der ruhig und freundlich mit dem Kätzchen umgeht, ein wenig spielt oder auch mal füttern darf, zeigt Ihrem Katzenkind von Anfang an, dass die Klingel keine Gefahr bedeutet.

Dezent im Hintergrund
In den ersten Tagen der Eingewöhnung werden Sie Ihr Kätzchen kaum aus den Augen lassen wollen. Das ist auch gut so, aber starren Sie es bitte nicht ständig an. Ihre Katze empfindet dies als Bedrohung, zumindest aber als unhöfliche Aufdringlichkeit.

(Foto: Brodmann)

ERNÄHRUNG –
für Leib und Seele

Katzen in der Wachstumsphase scheinen ständig Hunger zu haben. Ebenso wie ihr Katzenfutter würden sie auch Essensreste und sonstiges für Katzen ungesundes Zeug verputzen. Doch Katzenkinder benötigen ebenso wie Menschenkinder gerade im Wachstum eine gesunde, ausgewogene Kost und haben meist einen äußerst empfindlichen Magen.

Spezielles Futter für spezielle Kätzchen

Es gibt Spezialnahrung für Katzenwelpen. Da diese nicht teurer ist als Futter für erwachsene Katzen, sollten Sie diese besonders auf die Bedürfnisse junger Katzen abgestimmte Nahrung bevorzugen. Sie ist gehaltvoller, leichter verdaulich und, da meist püriert oder fein geschnetzelt, leicht für das meist gierig schlingende Katzenkind zu fressen.

Feuchtfutter füttern Sie bitte immer zimmerwarm, für kleine Katzenkinder darf es auch leicht angewärmt werden. So können Sie zum Beispiel Dose oder Tütchen in einem Wärmegerät für Babyfläschchen erwärmen oder einfach auf die Heizung stellen. Wenn Sie Reste wegen der besseren Haltbarkeit im Kühlschrank aufbewahren, müssen Sie es vor dem Verfüttern unbedingt erwärmen, denn kaltes Futter kann der Katzenmagen nicht vertragen.

Wenn Ihr Kätzchen bei Ihnen einzieht, erkundigen Sie sich, womit es bisher gefüttert wurde. Vielleicht spricht nichts dagegen, dieses Katzenfutter weiter zu füttern, dann können Sie gleich einen Vorrat einkaufen. Wenn Sie aus verschiedenen Gründen das Futter umstellen möchten, sollten Sie trotzdem einige Tagesrationen des gewohnten Futters besorgen (oder sich mitgeben lassen). Der kleine Katzenmagen ist noch ziemlich empfindlich, da kann die plötzliche Umstellung der Ernährung zu Erbrechen, Verdauungsstörungen oder Durchfall führen.

Mischen Sie zunächst kleine Mengen des neuen Futters unter das bislang benutzte und erhöhen Sie diese Menge von Tag zu Tag, bis Sie nach circa einer Woche nur noch das neue Futter anbieten. So hat Ihr Kätzchen genug Zeit, sich an die neue Rezeptur zu gewöhnen.

Wie viel, wie oft?

Ein Katzenkind hat fast immer Hunger. Kein Wunder, muss es doch immerhin innerhalb eines Jahres zur robusten, erwachsenen Katze heranwachsen – deshalb benötigt es enorm viele Nährstoffe. Da alle Katzenkinder unterschiedlich sind, sind die Mengenangaben auf den Verpackungen nicht bindend! Falls Sie befürchten, dass Ihr Kätzchen viel zu viel frisst, sprechen Sie mit Ihrem Tierarzt und ziehen Sie vor allem eine Entwurmung in Erwägung. Ansonsten lassen Sie Ihr Katzenkind futtern, bis es satt ist.

Das Futter verteilen Sie auf mehrere Mahlzeiten pro Tag. Katzenkinder sind ganz unterschiedlich, und wenngleich die meisten eilig schlingen, gibt es doch einige, die ein paar gesittete Häppchen, eine Pause und dann wieder ein paar Häppchen vorziehen.

Da der Katzenmagen noch sehr klein ist, sollten Sie beim Einzug der Katze mit fünf bis sechs Mahlzeiten täglich anfangen und je nach Essgewohnheit reduzieren, bis Sie zum Ablauf des ersten Lebensjahres täglich zwei bis drei Mahlzeiten anbieten.

Lassen Sie das Futter ruhig eine Weile stehen, auch wenn Ihr Kätzchen nicht alles sofort auffrisst.

Erst wenn mindestens eine Stunde nichts mehr von dem Futter angerührt wurde, entsorgen Sie die Reste. Vor allem im Sommer verdirbt das Futter schnell und zieht außerdem Fliegen an.

Wenn Sie schon früh zusätzlich Trockenfutter (bitte nicht ausschließlich) anbieten möchten, wählen Sie spezielles Trockenfutter für junge Kätzchen. Es ist kleiner und etwas weicher als das für ausgewachsene Katzen. Lassen Sie es einfach für einen gelegentlichen Zwischensnack stehen.

Leckerchen sind überflüssig
Leckerchen für Katzen sind – ebenso wie Pralinen für uns Menschen – überflüssig. Meist enthalten sie Zucker und sind, da ja trotzdem normal gefüttert wird, lediglich Dickmacher. Oft dienen sie vor allem zur Beruhigung unseres Gewissens, wenn wir keine Zeit für die Katze haben. Auch als angeblich gesunde Nahrungsergänzung sind sie nicht nötig und sollten deshalb höchstens selten als Belohnung eingesetzt werden.

Die Qualität von Fertigfutter

Katzenfutter erhalten Sie im Supermarkt, im Fachhandel oder beim Tierarzt. Für 100 Gramm sind je nach Verpackung und Marke zwischen 10 Cent und einem Euro zu berappen. Es gibt Tüten, Schälchen und Dosen, No-Name-Produkte vom Discounter in einfachstem Design oder Schleckerhäppchen in Leckercreme. Aber Achtung: Teuer steht nicht automatisch für gut.

Nach Möglichkeit sollten Sie Futter in der sogenannten Premiumqualität wählen, das sind Futtersorten, die einen hohen Fleischanteil und wenig „tierische Nebenerzeugnisse" wie Schlachtabfälle (Sehnen, Därme, Knochen und so weiter) enthalten. Dieses Premiumfutter ist meist teurer als die normale Supermarktqualität, allerdings auch sparsamer im Verbrauch, da die Energiedichte wesentlich höher ist. Außerdem sind qualitativ hochwertige Futtersorten meist ohne Zucker und Farbstoffe hergestellt. Beim Tierarzt erhalten Sie vor allem spezielle Diätfutter und Nahrungsergänzungen, die bei Krankheiten eingesetzt werden. Hoffentlich brauchen Sie nie darauf zurückgreifen.

Kleinere Verpackungseinheiten sind übrigens teurer als große, aber vor allem bei Feuchtfutter haben sie immer eine frisch geöffnete Mahlzeit. Mäkelige Katzen lassen die Portion aus einer morgens geöffneten Dose abends oft stehen, weil es ihnen nicht mehr so gut schmeckt. So kann die kleinere Menge letztlich doch billiger werden, weil Sie keine angebrochenen Dosen mehr wegwerfen müssen.

Feucht- oder Trockenfutter?

Dauerhaft optimal ist sicherlich eine gemischte Ernährung mit Feucht- und Trockenfutter. Trockenfutter ist gut für die Zahnhygiene der Katze, es entfernt beim Knabbern Beläge auf den Zähnen

Ernährung – für Leib und Seele

und wirkt wie eine Zahnbürste. Ihr Katzenkind hat damit noch keine Probleme – daher reicht es, Trockenfutter als Knabberei für zwischendurch anzubieten und es so schon daran zu gewöhnen.

Übrigens gibt es auch beim Trockenfutter unterschiedliche Qualitäten, und es lohnt sich, zum Wohle des Kätzchens auch hier die hochwertigere Variante zu wählen. So können Sie sicher sein, dass die Harnwege gesund bleiben und Ihre Katze rundum gut versorgt ist.

Noch Fragen? Sprechen Sie mit Ihrem Tierarzt, mit dem Züchter oder mit Fachleuten vom Tierschutzverein über die Ernährung Ihrer Katze, wenn Sie unsicher sind.

Futternäpfe und Futterstellen

Eine Futterschüssel sollte der Katze bequemes Fressen und Ihnen eine einfache und hygienische Reinigung erlauben. Vor allem schwer genug muss sie sein, damit sie nachts, wenn sie leer ist, nicht laut über die Küchenfliesen geschoben werden kann.

Jede Katze bekommt ihre eigene Schüssel, denn Sie mögen ja auch nur in Ausnahmen mit jemand anders vom gleichen Teller essen. Als Futterplatz suchen Sie einen ruhigen und geschützten Ort aus, etwa in einer Zimmerecke.

Obwohl jedes Kätzchen sein eigenes Schälchen hat, muss natürlich probiert werden, ob das Geschwisterchen wohl etwas Besseres bekommt! (Foto: Vorbrich)

Ein Katzenkind kommt ins Haus

Achten Sie darauf, dass mehrere Katzen nicht gerade Nase an Nase fressen müssen, denn das macht nervös und fördert Futterneid. Einige Katzen lassen sich dadurch so irritieren, dass sie zu viel oder zu wenig fressen.

Liebe geht durch den Magen
Wer das Kätzchen füttert, ist sein Freund. Selbst wenn es sonst eher scheu oder zurückhaltend ist, kommt es gern angelaufen, wenn der Futternapf gefüllt wird. Deshalb ist es gut, wenn jedes (menschliche) Familienmitglied und sogar Besuch diese Aufgabe übernehmen. So fällt es dem Katzenkind leicht, seine Scheu und Ängstlichkeit auch vor Fremden schnell abzulegen.

Trinkwasser

Wie bekommen Sie jetzt nur Ihr Kätzchen dazu, auch Wasser zu trinken? Sicherlich geht es Ihnen wie mir anfangs: Sie bieten allzeit frisches Wasser an, und oft sehen Sie das Katzenkind am Wasser schnuppern, aber es trinkt nicht.
Das kann mehrere Ursachen haben:
• Das Wasser steht neben dem Futter. Dann stellen Sie das Wasserschälchen in eine andere Ecke des Zimmers, vielleicht sogar in einen anderen Raum.

• Das Katzenkind kann noch gar nicht richtig trinken. Wasser aus einem Napf zu trinken scheint für Katzenkinder sehr schwierig zu sein. Anfangs wirkt es, als würde es die Zunge lediglich eintauchen und auf dem Weg ins Maul das ganze Wasser wieder verlieren. Seien Sie geduldig, das Kätzchen lernt das richtige Trinken mit zunehmender Übung noch, und solange Sie vor allem Feuchtfutter anbieten, bekommt Ihr Katzenkind auf jeden Fall genügend Flüssigkeit.
• Das Kätzchen hat gar keinen Durst. Das kann vor allem der Fall sein, wenn Sie ausschließlich Feuchtfutter füttern. Es enthält, das können Sie auf jeder Packung nachlesen, meist mehr als 80 Prozent Feuchtigkeit – also Wasser.

Hände weg von Milch!
Normale Milch ist weder Futter noch Getränk für Katzen! Mit der Entwöhnung des Kätzchens stellt sich sein Organismus dahingehend um, dass er keinen Milchzucker mehr verdauen kann. Durchfall ist also vorprogrammiert, wenn Sie der Katze Milch geben. Als besonderes Highlight dürfen Sie allenfalls ganz selten etwas Milch oder Kondensmilch mit Wasser verdünnt anbieten. Außerdem gibt es extra Katzenmilch zu kaufen, die Sie als Futterergänzung anbieten können.

Ernährung – für Leib und Seele

Eine interessante Wasserstelle wie diese Wasserlandschaft ohne Fische oder auch ein Zimmerbrunnen ohne Chemiezusätze animieren zum Trinken und sind außerdem gut für die Luftfeuchtigkeit.
(Foto: Vorbrich)

(Foto: Pinnekamp)

KÖRPERPFLEGE –
Wellness und Hilfe

Das Fell ist ein Spiegel der Gesundheit Ihres Kätzchens. Wirkt das Haarkleid gar nicht prächtig, sondern fettig, struppig, schuppig oder glanzlos, sollten bei Ihnen die Alarmglocken schrillen und Sie einen Besuch beim Tierarzt vereinbaren. Auch Auffälligkeiten wie kahle Stellen oder dauerhaftes, zwanghaftes Lecken des Fells sind Grund genug für einen Tierarztbesuch, da es sich um eine Allergie oder einen Hautpilz handeln kann.

Körperpflege – Wellness und Hilfe

Richtig bürsten

Ihr Katzenkind kommt, wenn es gesund und keine Langhaarkatze ist, ganz gut allein mit der Pflege des Fells klar. Doch das regelmäßige Kämmen und Bürsten bringt angenehme Vertrautheit, ist ein herrlich entspannendes Ritual, hilft Ihnen, Parasiten, Verletzungen oder Veränderungen zu erkennen, und unterstützt die Arbeit der Katzenzunge vor allem während des Fellwechsels.

Wenn Sie Ihr Kätzchen von Anfang an daran gewöhnen, wird es die Prozedur richtig zu schätzen wissen. Suchen Sie sich einen Platz aus, an dem Sie mit Ihrer Katze bequem sitzen können. Manche Katzen lieben das Ritual lieber auf Ihrem Schoß, andere mögen es, auf dem Fußboden oder dem Sofa neben Ihnen oder auf einem Tischchen vor Ihnen zu sitzen.

Bürsten Sie zunächst mit einer weichen Bürste, einem feinen Kamm oder einem Fellpflegehandschuh vorsichtig über das Fell, als ob Sie das

Gerade langhaarige Katzen brauchen Unterstützung bei der Fellpflege – und nach der richtigen Gewöhnung kann dieses Ritual beiden Seiten Spaß machen. (Foto: Brodmann)

Katzenkind sanft streicheln. Lassen Sie es an Bürste oder Kamm schnuppern, wenn es mag. Wenn es die Bürste für ein Spielzeug hält und toben will, legen Sie zuvor noch eine extra Spielrunde ein oder warten Sie, bis es schläfrig wird. Belohnen Sie abschließend die Geduld Ihrer Katze mit einem Leckerchen. So bleibt die Fellpflege in angenehmer Erinnerung.

Arbeiten Sie mit Kamm und Bürste immer nur mit dem Strich, sonst kämmen Sie mehr Knötchen hinein als hinaus, das Ganze fängt an zu ziepen und tut weh.

Haben Sie Knoten, Verklebungen oder Verfilzungen im Fell entdeckt, halten Sie die entsprechende Stelle am Haaransatz fest und kämmen vorsichtig mit einem grobzinkigen Kamm weiter, bis der Knoten gelöst ist. Im Notfall schneiden Sie Problemstellen am besten vorsichtig mit einer vorn abgerundeten Schere aus dem Fell heraus.

Die sehr feine Unterwolle von Kurzhaarkatzen lässt sich prima mit einem feinzinkigen Kunststoffkamm entfernen, lose Haare haften an einem feuchten Ledertuch oder feuchten Händen.

Beim Schmusen oder wenn das Kätzchen döst, lassen sich die Ohren am besten kontrollieren. (Foto: Pinnekamp)

Körperpflege – Wellness und Hilfe

Soll eine Katze gebadet werden?
Ihre Katze meint: „NEIN!!! Ganz bestimmt nicht!" Und tatsächlich gibt es nur einen zwingenden Grund dafür: die Verunreinigung mit giftigen Stoffen, etwa Reiniger, Farbe oder synthetischem Öl. Dann ist sogar Eile geboten! Holen Sie sich auf jeden Fall Hilfe – und Handschuhe –, shampoonieren Sie die Katze mit einem milden Shampoo und waschen Sie dieses mit handwarmem Wasser sorgfältig wieder aus. Anschließend muss die Katze gut abgetrocknet werden. Bieten Sie ihr danach ein Plätzchen unter Rotlicht oder auf der Heizung an, damit sie sich nicht auch noch erkältet. Und wundern Sie sich nicht, wenn sie anschließend tagelang beleidigt ist.

"Schlaf" und schließlich als Kruste im inneren Augenwinkel und entlang der Nase. Mit einem fusselfreien Tuch und klarem Wasser können solche Krusten leicht entfernt werden.

Achtung: Kamillentee hat am Auge nichts zu suchen, da das Auge dadurch nur noch mehr gereizt wird. Wenn das Auge dauerhaft tränt, trübe wirkt oder das dritte Augenlid (Nickhaut) zu sehen ist, ist auf jeden Fall ein Tierarztbesuch fällig.

Auch in den Ohren kann es zu Verkrustungen kommen. Dabei kann es sich um einfaches Ohrenschmalz oder um problematische Ohrmilben handeln. Wenn Sie sich nicht sicher sind, erkundigen Sie sich bei Ihrem Tierarzt. Der kann Ihnen auch zeigen, wie Sie das empfindliche Katzenohr am besten reinigen können, ohne es zu verletzen.

Ein Blick auf Augen und Ohren

Augen und Ohren müssen regelmäßig auf Verklebungen und Verkrustungen untersucht werden. Manchmal haben Katzen leicht tränende Augen, ohne dass eine ernsthafte Erkrankung vorliegt. Die Tränenflüssigkeit sammelt sich dann als

Ganz zwanglos
Zwingen Sie Ihr Katzenkind zu nichts. Wenn es sich wehrt, brechen Sie die Aktion ab. Der nächste Versuch gelingt vielleicht besser, wenn Sie während einer Schmusestunde zur bereitgelegten Bürste oder zum Lappen greifen.

(Foto: Pinnekamp)

SPIELSTUNDEN –
Spaß muss sein!

Auch wenn Ihre Katze niemals eine Maus selbst fangen muss, um zu überleben, bleiben Jagdreflex und -instinkt doch erhalten. Auch eine ausgewachsene Katze benötigt noch regelmäßigen Jagdersatz in Form von Spieleinheiten, denn instinktiv ist sie im wachen Zustand in Alarmbereitschaft: Es könnte ja plötzlich ein Mäuschen um die Ecke kommen.

Warum Spielen so wichtig ist

Katzen sind Raubtiere, und der Begriff „Spielen" wäre ihnen sicherlich nicht zu erklären. Mit dem vermeintlichen „Spielzeug" trainieren sie ihre Überlebensfähigkeiten. Draußen in der Wildnis müssten sie täglich einige Mäuse fangen, um zu überleben. Das schaffen sie nur, wenn sie top in Form sind. Eine Katzenmutter im Freien würde ihren Kindern bald lebende Mäuse mitbringen, damit sie die Selbstversorgung lernen. Die Kinder beginnen schon bald, ihre Mutter, Geschwister und allerlei Gegenstände anzuspringen, nach ihnen zu angeln, sie zu jagen – und zu beißen. Immer präziser werden die Sprünge und Hiebe, immer schneller die wilde Jagd. Das Katzenkind entwickelt sich dadurch prächtig. Es bildet seine motorischen Fähigkeiten aus und übt tagtäglich seine Krallenfertigkeit. Die Muskeln und Sehnen werden trainiert, die Reflexe geschult.

Wenn Ihr Kätzchen dann von den Geschwistern getrennt wird und zu Ihnen kommt, bleibt der Bewegungsdrang bestehen. Dann ist natürlich die Gesellschaft weiterer Katzen optimal, denn diese nehmen Ihnen einen großen Teil der „Arbeit" ab. Und kaum etwas ist niedlicher oder spannender als miteinander spielende Katzen.

Doch ob mit oder ohne Unterstützung durch andere Katzen: Ab sofort sind vor allem Sie gefragt, Ihr Katzenkind zu unterhalten und zu trainieren, also für ausreichend Spiel und Spaß zu sorgen. Nicht nur im Kindesalter, sondern auch später als erwachsene Katze steckt Ihr kleines Raubtier bei optimaler Versorgung durch den Menschen voller Energie und Tatendrang.

Beim Spielen geht es auch schon mal in wilder Jagd über alle Hindernisse.
(Foto: Pinnekamp)

Entlädt sich die angestaute Energie, bekommt die Katze ihre „verrückten fünf Minuten", in denen sie ohne Rücksicht auf das, was ihr in den Weg kommt, durch die Wohnung tobt. Über Tische und Sessel, Schränke und Kratzbäume hinauf und wieder hinunter. Vor allem Wohnungskatzen benötigen regelmäßige Spiele mit einer Ersatzbeute, damit sie nicht unausgelastet und gelangweilt, übergewichtig und manchmal sogar aggressiv werden.

Spielen auch für Freigänger?
Auch wenn Ihre Katze sich als Freigänger draußen austoben kann, ist regelmäßiges Spielen wichtig für die Psyche, denn Sie beschäftigen sich dabei intensiv mit Ihrer Katze, reden mit ihr, loben sie, spornen sie an und geben ihr Bestätigung. Spielen ist ein echtes Highlight im Tagesablauf, das die Bindung Ihrer Katze zu Ihnen verstärkt. Und diese Bindung ist es unter anderem, die sie auch dann wieder nach Hause zurückholt, wenn draußen die große Freiheit lockt.

Das Spielzeug

Spielzeug ist alles, was rollt, fliegt, sich bewegt: Kastanien, Sektkorken, Tischtennisbälle oder ein Bogen Zeitungspapier auf dem Boden, Fellmäuse, Bällchen, „Katzenangeln" und vieles mehr.

Stellen Sie eine Papiertüte (Achtung: Henkel abschneiden – Verletzungsgefahr) in den Raum, werfen Sie ein Spielzeug hinein. Ihre Katze wird hinterherspringen und die Tüte mit viel Vergnügen zerfetzen.

Manche Katzen lieben quietschende Gummimäuse und klingelnde Bälle. Ihrer Kreativität sind keine Grenzen gesetzt, probieren Sie einfach aus, was Ihre Katze am liebsten mag.

Gerade Katzenkinder sind fast immer zum Spielen aufgelegt – und dafür muss dann alles herhalten, was ihnen unter die Pfoten kommt. Manchmal findet Ihr Katzenkind Spielzeug, das Sie selbst so gar nicht als solches eingestuft wissen möchten, wie zum Beispiel Gummibänder, Geschenkbänder, kleine Knöpfe, wichtige Dokumente, Kabel oder knisternde Plastiktüten. Achten Sie also bitte genau auf das Spielzeug Ihres kleinen Schützlings, lassen Sie nichts unachtsam herumliegen und spielen sie häufig genug, sodass Ihr Kätzchen ausreichende Beschäftigung hat.

Möglichst chemiefrei
Versuchen Sie möglichst ungefärbtes, chemiefreies Spielzeug zu bekommen, denn oft wird die Ersatzmaus abgeleckt, zerfetzt und angefressen.

Die Spielregeln

Werfen Sie Spielzeug vorsichtig und natürlich niemals direkt auf Ihre Katze, oder schießen Sie das Spielzeug über den Boden. Kaufen oder basteln Sie eine Katzenangel mit einer langen Kordel und einem Puschel am Ende. Sie können dann ganz bequem sitzen bleiben und Ihre Katze das interessante Ende jagen lassen.

Gerade bei rasanten oder kniffeligen Spielen, wenn also die Maus am Ende der Angel besonders schnell über den Boden gleitet oder plötzlich unter dem Sofa verschwindet, um kurz darauf am anderen Ende wieder aufzutauchen, kann es passieren, dass Ihr junges Katzenkind noch überfordert ist und sichtlich ratlos herumsitzt. Brechen Sie dann dieses Spiel ab und ersetzen Sie es durch etwas Einfacheres, zum Beispiel das Kullern eines Balls oder das langsamere Wegziehen einer Maus. Bald wird Ihr Kätzchen lernen, die Zusammenhänge von Verschwinden und Auftauchen der Beute zu erkennen und sogar Tauben vor dem Fenster von einem Zimmer ins andere verfolgen.

Bei einem besonders schnellen Spiel wie mit der Katzenangel oder dem Laserpointer stellen Sie vielleicht plötzlich fest, dass Ihr Katzenkind in den

Man muss nur ein bisschen kreativ sein – dann findet sich in jeder Situation das richtige Spielzeug. (Foto: Pinnekamp)

 Ein Katzenkind kommt ins Haus

Pausen hechelt. Es geht ihm dann genauso wie Ihnen, wenn Sie übermütig hüpfen oder besonders schnell laufen: Es ist aus der „Puste". Das Katzenkind, vor allem später der halbstarke Katzenraudi, ist zwar superschnell und voller Enthusiasmus, kann aber seine Kräfte noch nicht wirklich gut einschätzen und übernimmt sich dann leicht. Das ist kein Grund, das Spiel abzubrechen – lassen Sie es nur die nächsten paar Minuten etwas ruhiger angehen, damit Ihr kleines Raubtier wieder zu Atem kommt.

Höhepunkte im Katzenalltag

Führen Sie möglichst regelmäßige Spielzeiten pro Tag ein. Verschaffen Sie Ihrer Katze Bewegung, indem Sie sie hinter dem Spielzeug herlaufen lassen. Stellen Sie ihr aber bitte auch kniffelige Zuschnappaufgaben, indem Sie Kordeln unter dem Teppich oder dem Sofa herziehen.

Auch mit einem Laserpointer oder speziellen Katzenlampen kann man Katzen, vor allem Katzenkinder und Halbstarke mit viel Energie und Bewegungsdrang, prima beschäftigen. Der kleine Lichtpunkt wird von den meisten mit Begeisterung gejagt. Leuchten Sie Ihrer Katze aber niemals in die Augen, damit die Netzhaut keine Schäden nimmt. Da der kleine Lichtfleck zwar eingeholt, aber nie gefangen werden kann, nutzen Sie ihn bitte nur, um der Katze am Anfang der Spielzeit Bewegung zu verschaffen. Nach kurzer Zeit tauschen Sie ihn gegen ein echtes, also fangbares Spielzeug aus, damit die Katze etwas in die Pfoten bekommt. Der Erfolg, die Beute gefangen zu haben, ist wichtig für die Freude am Spiel.

(Foto: Schanz)

AUF GEHT'S
zum Tierarzt

Im ersten Jahr müssen Sie mit Ihrem Katzenkind einige Termine beim Tierarzt einplanen. Zum einen stehen verschiedene Impfungen an, außerdem Wurmkuren und schließlich die Kastration. Außerdem haben junge Kätzchen – ebenso wie Kinder – häufiger kleinere Probleme durch Infektionen oder Verletzungen, die man lieber einmal zu viel als zu wenig von einem Fachmann kontrollieren lassen sollte. Deshalb ist es sinnvoll, sich frühzeitig nach dem Tierarzt seines Vertrauens umzusehen. Andere Katzenbesitzer können Ihnen sicherlich Empfehlungen geben. Daneben spielen die Ausstattung der Praxis, die Öffnungszeiten, die Entfernung und das Gefühl, „gut aufgehoben" zu sein, bei der Tierarztwahl eine Rolle.

Impfungen

Katzen können sich mit einer Vielzahl verschiedener Krankheiten anstecken. Zumindest gegen einige dieser Krankheiten können Sie Ihren Liebling zuverlässig durch eine Impfung schützen.

Wenn die Katze bereits geimpft wurde, bekommen Sie vom Vorbesitzer einen Impfausweis mit, aus dem die Art der Impfungen und die Impftermine hervorgehen. Ist dies noch nicht erfolgt, sollten Sie schnellstmöglich für die Grundimmunisierung Ihres neuen Familienmitglieds sorgen.

Diese Grundimmunisierung erfolgt für Katzenkinder im Alter ab etwa acht oder neun Wochen; eine Nachimpfung, die den vollständigen Impfschutz gewährleistet, ist außer bei einer eventuellen Tollwutimpfung auf jeden Fall nach vier Wochen fällig.

Sprechen Sie mit Ihrem Tierarzt über die notwendigen Impfungen und den richtigen Impfrhythmus, da sich durch neue Wirkstoffe und medizinische Entwicklungen manche Veränderungen ergeben können.

Katzenseuche

Die Katzenseuche, auch Panleukopenie oder Felines Parvovirus genannt, ist eine sehr gefährliche Viruserkrankung, die innerhalb kürzester Zeit zum Tod der Katze führen kann. Das Virus ist leider sehr unempfindlich und kann über Jahre hinweg unbemerkt überleben. Sie können die Viren durchaus an Ihren Schuhen von einem Spaziergang einschleppen und Ihr Katzenkind kann sich anstecken. Die Impfung ist also ein absolutes Muss und beugt zuverlässig vor.

Katzenschnupfen

Der sogenannte Katzenschnupfen ist der Oberbegriff für verschiedene virale Infektionen. Betroffen sind Augen, Rachen und Atemwege. Erkrankte Kätzchen sehen wirklich erbarmungswürdig verschnupft aus, sie niesen und husten. Zwar ist der Schnupfen selbst selten tödlich, aber er schwächt die Katze, sodass sie auch anfälliger gegen andere Erkrankungen ist. Dazu kommt, dass Katzenschnupfen chronisch werden kann, sodass Sie schlimmstenfalls eine Katze mit lebenslangem eitrigem Nasenausfluss haben, den Sie ständig mit Medikamenten behandeln müssen.

Eine Impfung ist aufgrund der Vielzahl der Erreger, die sich obendrein auch noch verändern, nicht immer vollständig erfolgreich. Dennoch ist die Ansteckungsgefahr nach der Impfung geringer, und sollte es doch zu einer Erkrankung kommen, verläuft diese meist glimpflicher.

Leukose

Leukose ist eine krebsartige Veränderung von Körperzellen der Katze. Die Symptome sind leider sehr unspezifisch: Es kann zum Beispiel zu verschiedensten Tumoren kommen, aber auch zu krankhaften Organveränderungen oder extremer

Anfälligkeit für Entzündungen und Viruserkrankungen. Die Diagnose ist schwierig und nur über einen Bluttest möglich. Die Übertragung der sogenannten FeLV-Viren erfolgt von Katze zu Katze. Deshalb ist eine Impfung, die allerdings nur bei jungen, gesunden Katzen sicheren Erfolg verspricht, auf jeden Fall sinnvoll, wenn Ihre Katze Kontakt zu Artgenossen hat oder bekommen wird.

Wurmkuren

Katzen können jederzeit, also nicht nur als Freigänger, Würmer „aufsammeln", zum Beispiel über die Schuhe von Menschen, über Blumenerde oder gefangene Fliegen. Meist handelt es sich um Haken-, Spul- oder Bandwürmer. Deshalb sollten Sie Ihr Kätzchen regelmäßig und auch schon im Welpenalter entwurmen. Verlassen Sie sich nicht darauf, dass Ihre Katze wurmfrei ist, wenn Sie keine Würmer im Kot sehen. Ist es erst so weit, dass Sie Würmer mit bloßem Auge in der Katzentoilette entdecken, steckt Ihre Katze voll von diesen Parasiten.

Wurmkuren sind im Allgemeinen gut verträglich und werden auch fast immer problemlos mit dem Futter genommen; es gibt sie sogar als „Spot-on-Präparate", die man in das Nackenfell tropft. Da auch Sie und Ihre Familie von den Würmern befallen werden können, sollten Sie auf jeden Fall vorbeugen.

Typisch für den Katzenschnupfen ist außer der Triefnase meist auch eine Entzündung von Augen, Rachen und Atemwegen. (Foto: Pinnekamp)

Ein Katzenkind kommt ins Haus

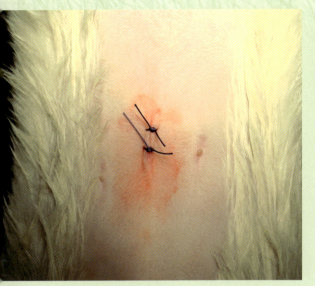

*Die Kastration ist auch bei weiblichen Katzen nur ein winziger Eingriff, der auf das Zusammenleben von Mensch und Katze nur positiven Einfluss hat.
(Foto: Vorbrich)*

Flöhe und Zecken

Flöhe sind lästige Plagegeister, die juckende Bisse hinterlassen und Krankheiten übertragen können. Zuverlässigen Schutz bieten Flohhalsbänder oder sogenannte Spot-on-Präparate (auf das Fell getropfte Flüssigkeit). Greifen Sie auf Mittel vom Tierarzt zurück, denn die im Zoofachhandel angebotenen Produkte sind selten erfolgreich.

Verzichten Sie auf jeden Fall auf das fälschlicherweise oft angepriesene Teebaum- oder Neemöl: Die darin enthaltenen Wirkstoffe schaden nicht nur schnell den Flöhen, sondern auf Dauer auch der Leber Ihrer Katze. Es kann zu tödlichen Vergiftungen kommen.

Auch blutsaugende Zecken bringen Katzen immer wieder einmal von ihren Spaziergängen in der Natur mit. Selbst wenn Sie auf Anhieb keine Zecke entdecken können, spüren Sie eventuell beim Kraulen eine Erhebung in der Haut, ähnlich einer Warze oder einem Muttermal. Mit einer Zeckenzange lassen sich diese Plagegeister leicht entfernen. Lassen Sie sich die Prozedur zuvor von einem Tierarzt oder versierten Katzenhalter zeigen, und achten Sie darauf, dass der Kopf der Zecke nicht in der Katzenhaut stecken bleibt.

Ungebetene Gäste
Selbst Wohnungskatzen sind nicht vor gefährlichen Viren oder lästigen Parasiten sicher, da diese über den Menschen (zum Beispiel an den Schuhen), mit Topfblumen oder Besuchshunden in die Wohnung gelangen können.

Kastration

Im Alter von circa sechs Monaten werden Katzenkinder quasi erwachsen – sie werden geschlechtsreif. Nicht selten wird Tierärzten dann von seltsamen Krankheitsanzeichen berichtet: Katzen scheinen plötzlich ohne Grund vor Schmerz zu schreien und sich am Boden zu wälzen. Kater – und übrigens manchmal auch

Katzen – haben bislang immer die Katzentoilette benutzt und werden plötzlich unsauber, urinieren auf Teppiche, gegen Wände, sogar in den frischen Wäschestapel. Kein Grund zur Sorge: Das Katzenmädchen ist einfach rollig geworden und schreit nicht vor Schmerzen, sondern ruft die Kater der Nachbarschaft. Auch der kleine Kater hat nur selten Probleme mit der Blase, sondern hinterlässt für potenzielle Rivalen die duftende Nachricht: „Hier wohne ich! Krallen weg von meinen Katzendamen und meinen Mäusen!"

Die frühzeitige Kastration verhindert nicht nur ungewollten Katzennachwuchs (denken Sie an all die ungeliebten Tierheimkatzen, die alle auch einmal süße Katzenkinder waren), sondern hat auch sonst nur Vorteile: Mit unkastrierten, geschlechtsreifen Katzen in der Wohnung zusammenzuleben ist so gut wie unmöglich. Kater markieren wirklich fast alles, der penetrante Gestank ist kaum zu ertragen. Katzen markieren ebenfalls, dazu kommt die Zeit der Rolligkeit, die Sie garantiert um den Schlaf bringen wird.

Da bei der Kastration die Keimdrüsen entfernt werden – also die Hoden beim Kater und die Eierstöcke bei der Katze –, wird auch die Produktion der Geschlechtshormone gestoppt. Kastrierte Katzen und Kater sind deshalb häuslicher und anhänglicher. Da die eigene Familienplanung und das Konkurrenzdenken gegenüber anderen Katzen nicht mehr Lebensinhalt sind, sind sie menschenbezogener, freundlicher gegenüber Artgenossen und dehnen ihre Streifzüge in die Freiheit nicht mehr kilometerweit aus.

Gesund und genügsam
Kastrierte Kater und Katzen brauchen weniger Futter, da tagelange Streifzüge und die kräftezehrende Kinderaufzucht entfallen. Dafür wird die Gesundheit stabiler: Verletzungen durch Rivalenkämpfe und Gesäuge- oder Gebärmutterkrebs treten kaum noch auf.

Typische Kinderkrankheiten

Verdauungsprobleme

Katzenkinder leiden häufiger als erwachsene Katzen unter Verdauungsproblemen. Hin und wieder kann es darum zu Durchfall kommen – vor allem, wenn Sie die Futtersorte wechseln, wenn das Futter zu kalt ist, wenn Futterreste oder Unverdauliches gefressen wurde. Meist ist nach einem Tag wieder alles im Lot. Andernfalls ist ein Tierarztbesuch fällig.

Auch eine Verstopfung sollte nicht auf die leichte Schulter genommen werden. Wenn Ihr Katzenkind längere Zeit keinen Kot absetzt, der Kot ungewöhnlich hart ist oder es sich sichtbar quält: Auf zum Tierarzt, sonst kann sich schlimmstenfalls ein Megakolon ausbilden, eine Verbreiterung des Enddarms, die dauerhafte Probleme beim Toilettengang hervorrufen kann.

Ein Problem ist das Verschlucken von Fremdkörpern. Katzenkinder fressen oftmals wirklich fast alles, was herumliegt – zumindest versuchen sie es vom Gummiband über Alufolie, Nadeln und Knöpfe bis hin zum Schleifenband. Diese Fremdkörper können sich überall zwischen Rachen und Darm festsetzen und Schäden von Verletzungen der Speiseröhre über Magenverschluss bis hin zum Zerschneiden des Darms verursachen. Wenn Sie Ihr Kätzchen dabei ertappt haben, dass es irgendetwas gefressen hat, was ihm möglicherweise schadet, sollten Sie lieber zum Tierarzt gehen. Oftmals kann ein früher, kleiner Eingriff hier Leben retten.

Verletzungen und Unfälle

Auch kleinere und größere Verletzungen kommen bei Katzenkindern leider nicht allzu selten vor. Motorik, Erfahrung und Instinkt müssen sich erst noch entwickeln. So kann das Kätzchen seine Kräfte ebenso wie die eigene Geschwindigkeit oder die von entgegenkommenden Dingen noch nicht gut abschätzen. Deshalb ist es nicht ungewöhnlich, wenn es Ihnen vor oder unter die Füße rennt oder von Tischen oder Schränken abstürzt. Meist verlaufen solche kleineren Unfälle glimpflich und nach einer Schrecksekunde und wenigen Humplern wird Ihr Katzenkind aus dem Zwischenfall gelernt haben und das nächste Mal besser aufpassen.

Ebenso kann die Fehleinschätzung des Verhaltens anderer Vierbeiner zu Blessuren führen. Vor allem erwachsene Katzen sind selten zimperlich, wenn es darum geht, einen kleinen Störenfried oder eine Nervensäge in die Schranken zu weisen. Auch hierbei sind ernsthaftere Verletzungen selten. Wenn der Zwist allerdings dauerhaft bleibt und es immer wieder zu ernsthafteren Kämpfen mit blutigen Verletzungen kommt, obwohl Sie eine optimale Zusammenführung versucht haben, sollten Sie sich die Gewissensfrage stellen und vielleicht ein ungefährlicheres Zuhause für Ihr Katzenkind suchen.

Alarmierende Warnzeichen

Natürlich erfordern eine Verletzung, eine offene Wunde oder ein dauerhaftes Humpeln den unverzüglichen Gang zum Tierarzt Ihres Vertrauens oder zum tierärztlichen Notdienst.

Darüber hinaus sollten Sie bei folgenden Anzeichen mit Ihrem Katzenkind den Tierarzt aufsuchen:
- trübe oder stark tränende Augen
- Husten, Niesen, laufende Nase
- plötzlich struppiges oder stumpfes Fell
- Futterverweigerung über mehr als 24 Stunden
- plötzliche Mattigkeit bis hin zur Apathie (das Kätzchen reagiert auf einmal nicht mehr auf Rufe, Füttergeräusche oder sonstige typische Aktionsauslöser)
- Erbrechen (das Auswürgen von Haaren oder das Erbrechen von zu viel Nahrung ist allerdings nicht bedenklich)
- Durchfall, der länger als einen Tag andauert
- Speicheln oder wiederholtes Erbrechen von (blutigem) Schaum
- blasse, wächserne oder durchscheinende Haut und Schleimhäute

- stark erweiterte Pupillen selbst bei hellem Licht und im Ruhezustand
- anhaltendes Hecheln (außer nach rasantem Spiel)
- akute Unruhe (dauerhaftes Hin- und Herlaufen, Hinlegen und Aufstehen und so weiter)
- Verstopfung, sehr harter Kot
- Blasenprobleme (häufiges Absetzen weniger Tropfen Urin, möglicherweise auch neben der Katzentoilette)
- erhöhte Flüssigkeitsaufnahme (die Katze trinkt deutlich mehr als gewöhnlich, obwohl sie das gleiche Futter wie zuvor bekommt)

Indianerherzen
Katzen unterdrücken Krankheitsanzeichen sehr lange, damit sie in der Natur nicht zu anfällig sind. Wenn Ihnen also die aufgeführten Anzeichen auffallen, sollten Sie schnellstmöglich den Tierarzt aufsuchen, selbst wenn die Katze schnurrt. Denn das tut sie auch in Situationen, in denen sie hilflos ist. Generell gilt: Lieber einmal zu viel zum Tierarzt als einmal zu wenig.

Tobereien sehen manchmal gefährlich aus, doch zu ernsten Verletzungen kommt es zum Glück nur selten. (Foto: Pinnekamp)

(Foto: Brodmann)

ERZIEHUNG –
ein paar Benimmregeln

Ein Kapitel über Katzenerziehung? „Quatsch", denken Sie jetzt vielleicht. Katzen kann man ja bekanntlich nicht erziehen.

Stimmt nicht! Sicherlich wird Ihre Katze Sie müde auslächeln, wenn Sie vorhaben, sie auf Kommandos wie „Sitz", „Fass" oder „Komm" zu drillen. Katzenerziehung funktioniert anders. Einerseits können Sie Verbote nur durch eiserne Disziplin durchsetzen, andererseits fördern Sie erwünschtes Verhalten durch subtile Raffinesse.

Erziehung – ein paar Benimmregeln

Sinnvolle Gebote

Wenn Ihr Kätzchen bei Menschen mit seiner Mutter und am besten einigen Geschwistern mindestens die ersten acht bis zehn Wochen verbracht hat, hat es schon viel gelernt, was es zu einer „sozialen" Katze macht, sowohl im Umgang mit Menschen als auch mit anderen Katzen. Den Rest übernehmen Sie:

Wenn Sie Ihrem Kätzchen wochenlang die Wurst auf Ihrem Frühstücksbrot verweigern und dann nur ein einziges Mal schwach werden, ist die ernsthafte Bettelei da. Deshalb geht nichts ohne die unbedingte Disziplin. Überlegen Sie sich genau, was Sie Ihrer Katze alles verbieten möchten und wie viel Ihnen die Einhaltung dieser Verbote wert ist.

Leichter ist es, bestimmte Verhaltensweisen zu fördern, also anzuerziehen. Das funktioniert, indem Sie Ihre Katze loben und belohnen, wenn sie etwas gut und richtig gemacht hat. Hat sie einmal eine Situation oder ein Verhalten mit etwas Angenehmem wie Futter oder Streicheleinheiten in Verbindung gebracht, wird sie es gern wiederholen.

Für besonders gutes Verhalten ist auch eine Belohnung fällig. (Foto: Pinnekamp)

Ein Katzenkind kommt ins Haus

Ständige Verbote auszusprechen ist für den Menschen mühsam und für die Katze frustrierend. In manchen Fällen ist es einfacher, bestimmte Dinge außer Reichweite der Katze zu bringen. (Foto: Vorbrich)

Die guten Seiten hervorkitzeln

Sie können Ihrer Katze allerhand wichtige oder weniger wichtige Sachen beibringen. Vieles passiert so ganz nebenbei, wie das Hören auf den Namen. Vielleicht haben Sie anfangs mit dem Futter gelockt, dabei den Namen immer wieder freundlich genannt und gelobt, wenn das Katzenkind angewackelt kam.

Bald schon kommt es auf Zuruf. (Nein, natürlich nicht immer, vor allem nicht, wenn es gerade einer aufregenden Tätigkeit nachgeht. Aber Sie wollten ja schließlich eine Katze und keinen Hund.)

Das ist „Erziehung", die ganz nebenbei passiert, aber der Knackpunkt ist immer der gleiche: Ihre Katze verbindet eine angenehme Erfahrung mit einer besonderen Aktion.

Die Benutzung von Katzentoilette, Kratzbaum und eventuell einer Katzentür sowie regelmäßige Gesundheitskontrolle und Fellpflege lassen sich dadurch ebenso anerziehen wie das Hochheben oder die Tatsache, dass Besuch kein Grund ist, sich zu verstecken. Geduld und kleine, leckere und vor allem gesunde Belohnungen sowie freundliches Zureden zeigen Ihrem Katzenkind, welches Verhalten „gut" für es ist. Wenn Sie merken, dass Sie selbst oder die Katze zum Beispiel bei der Fellpflege oder beim Tragen ungeduldig werden, brechen Sie die Übung lieber ab und schieben Sie eine abregende und Ungeduld lösende Spieleinheit ein. Ein erneuter Versuch danach klappt meist viel besser.

Nicht in Versuchung führen
Führen Sie Ihre Katze nicht in Versuchung, indem Sie Schinken, Käse oder ähnliche Leckerbissen offen herumstehen lassen. Und auch ein Blumenstrauß hat nur in einer sehr standfesten Vase und mit wenig „Spielzeug" wie sanft wippenden Ziergräsern eine Überlebenschance.
Auch von Rattanmöbeln oder Vorhängen mit Bändchen, Schleifen und Troddeln ist Ihr Katzenkind sicher ganz begeistert. Hier ständige Verbote auszusprechen ist zwar möglich, aber für Sie selbst ermüdend und für Ihr Kätzchen schrecklich frustrierend. Es kann einfach nicht verstehen, dass es diese einladenden Dinge nicht „benutzen" darf. Besser ist es, solche Reize direkt wegzuräumen oder spätestens beim nächsten Renovieren durch katzenfreundliche Alternativen zu ersetzen.

Ihrer Nähe an. Das wäre in diesem Fall die eleganteste Lösung des Problems.

Kratzt Ihr Katzenkind hin und wieder an Ihren Beinen? Katzenkinder haben viel Energie und wollen beschäftigt werden. Ständiges Vertrösten auf späteres Spielen und Toben findet bei Ihrer Katze kein Verständnis: Sie will Unterhaltung, und zwar sofort. Schon Ihr entnervtes „Wegfegen" der kleinen Pfoten empfindet Ihr Kätzchen als Spiel, und prompt haben Sie genau das Gegenteil erreicht: Ihre Katze wird bei Langeweile immer häufiger auf Ihre Beine zurückgreifen. Besser wäre es, die Katze bestimmt wegzuschieben, eventuell anzupusten und vor allem sofort wieder ausgedehnte Spiel- und Toberunden aufzunehmen, damit Ihr Kätzchen ausgelastet ist.

„Kätzisch" verstehen lernen

Setzt sich Ihr Katzenkind vielleicht immer auf die Tastatur Ihres Laptops und hat schon wichtige Daten gelöscht? Kein Wunder: Dort ist es schön warm. Klappen Sie den Laptop zu, wenn Sie sich abwenden oder eine Pause machen, und bieten Sie Ihrem Kätzchen ein vielleicht durch eine Wärmflasche attraktiv gemachtes Kuschelplätzchen in

Lehrer und Schüler

Sie können Ihrer Katze durchaus „erklären", wie etwas richtig gemacht wird. Ertappen Sie Ihre Katze bei einer unerwünschten Tat, zum Beispiel dem Kratzen am Sessel, dann bewahren Sie zunächst Ruhe. Gehen Sie zu Ihrer Katze, pusten Sie sie kurz an, sagen Sie deutlich und bestimmt „Nein". Dann heben Sie sie vorsichtig hoch und tragen sie zu der Stelle, an der sie kratzen darf und soll, also Kratzbrett oder Kratzbaum. Setzen Sie die Katze ab, kratzen Sie selbst ein wenig am Sisal, führen Sie Ihrem Kätzchen sanft die Pfoten beim „richtigen" Kratzen. Und sparen Sie nicht mit Lob und vielleicht einem Leckerchen an dieser Stelle. Ebenso können Sie dem aufmerksamen Katzenkind die Funktionsweise einer Katzenklappe erklären, indem Sie Ihre Hand hindurchstrecken. Halten Sie vielleicht zunächst die Klappe auf und locken Sie das Katzenkind dann mit Leckerchen und spannendem Spielzeug auf die andere Seite.

Der Trick mit dem Click
Eine besonders gute Möglichkeit, Ihrem Katzenkind Neues und sogar kleine Kunststückchen beizubringen, ist das Clickertraining. Hierbei wird eine Handlung mit einem akustischen Reiz, dem Clicker, über den Umweg einer Belohnung verknüpft. Sie werden erstaunt sein, wie viel Spaß es Ihrer Katze macht, solch eine anspruchsvolle Beschäftigung zu haben.
Natürlich können Sie mit dem Clickertraining keine rasante Spielstunde ersetzen. Diese hilft, im Vorfeld zum Clickertraining Spannung abzubauen und macht und Ihr Katzenkind aufnahmebereit für etwas Neues.

Über den Sinn und Unsinn von Bestrafung

Im Zusammenhang mit der Erziehung Ihres Katzenkindes von Strafe zu sprechen, ist eigentlich nicht richtig. Sie können Ihrer Katze nicht erklären: „du hast da vorhin mal am Sessel gekratzt, deshalb bekommst du jetzt kein Leckerchen!" Es gibt allerdings gewisse strafeähnliche Aktionen, die die Katze als so unangenehm empfindet, dass sie sie künftig vermeiden möchte.

Dafür muss die Aktion immer unmittelbar nach der unerwünschten Tat erfolgen, sonst ist der Strafreiz sinnlos und die Katze ob des unangenehmen Gefühls verwirrt bis verschreckt. Schläge haben nie, wirklich niemals etwas in der Erziehung zu suchen. Auch sollten Sie den Namen der Katze nicht laut oder gar zornig aussprechen, denn mit dem eigenen Namen soll Ihr Kätzchen immer etwas Angenehmes verbinden. Sagen Sie stattdessen laut und entschieden „Nein" oder „Weg", bleiben Sie aber dann auch dabei.

„Heiße Luft"
Den Strafreiz „Heiße Luft" lernen junge Kätzchen von der Katzenmutter: Katzenmütter schieben ihre Kinder mit einem vorsichtigen Schubs weg, halten sie mit erhobener Pfote auf Distanz und fauchen sie dann kräftig an.

Wenn Ihr Kätzchen etwas tut, was es partout nicht soll – zum Beispiel springt es ständig auf den Tisch und beansprucht Ihr Mittagessen für sich –, seien Sie konsequent: Schieben Sie es vom Teller weg, pusten Sie es kräftig an. Sie werden sehen, dass Ihr keckes Kätzchen schnell den Rückzug antritt. Sie können es so quasi „vom Tisch pusten". Wenn Ihr Katzenkind nie etwas vom Teller bekommt, verliert es in kürzester Zeit das Interesse am Tischspaziergang.

Achtung: Der dauerhafte Effekt tritt nur ein, wenn Sie keine Ausnahmen dulden und nie einen

Erziehung – ein paar Benimmregeln

Teller mit Leckereien auf dem Tisch stehen lassen, wenn Ihre Katze unbeaufsichtigt ist. Den Pusteeffekt können Sie übrigens verstärken, wenn Sie sich einen kleinen Blasebalg (zum Beispiel für Grills) zulegen. Eine normale Handluftpumpe ist zwar etwas komplizierter in der Handhabung, tut es aber auch.

Kaltes Wasser

Die meisten Katzen sind außerordentlich wasserscheu. Das kommt Ihnen zugute, wenn Sie Ihrer Katze auch aus größerer Distanz einige Dinge verleiden möchten. In dem Moment, in dem Ihr Katzenkind etwas Unerwünschtes tut, zum Beispiel am Sofa kratzt oder auf den Herd springt, können Sie es mit einem gezielten Wasserstrahl aus einem Blumensprüher oder einer Wasserpistole nass spritzen. Macht das Kätzchen mehrfach die gleiche Erfahrung, wird es das unangenehme Gefühl und den Schreck mit der Situation in Verbindung bringen und in Zukunft hoffentlich den richtigen Kratzbaum zum Kratzen nehmen.

Schriller Sound

Auch mit einem speziellen Geräusch kann man Katzen eine bestimmte Handlung oder einen Ort verleiden. Geeignet sind das grelle Klirren eines auf den Boden geworfenen Schlüsselbundes oder eines Metallkettchens. Werfen Sie es neben, niemals auf die Katze, wenn sie gerade etwas „Verbotenes" tut. Sie wird sich erschrecken und das Geräusch ist ihr unangenehm – der Lerneffekt wird nicht lange auf sich warten lassen.

Auf frischer Tat ertappt
Achtung: Die beschriebenen Strafreize sollten Sie ausschließlich dann einsetzen, wenn Sie Ihre Katze auf frischer Tat ertappen. Sonst werden Sie nur erreichen, dass Ihre Katze scheu wird und schlimmstenfalls Angst vor Ihnen hat. Auch ein zu häufiges Einsetzen ist nicht zweckmäßig, da sich dann der „Schreckeffekt" abnutzt. Überlegen Sie sich also gut, wie viele Zimmer Sie vielleicht „katzenfrei" haben möchten oder ob es wirklich katzengerecht ist, wenn Ihr Schmusetiger ausschließlich einen einzigen Sessel benutzen darf und niemals über Möbel laufen soll.

(Foto: Brodmann)

DER WEG ZUR
selbstbewussten Katze

Ihr Katzenkind ist meist von Natur aus neugierig und zutraulich. Scheu, Desinteresse oder gar Angst „lernt" es erst durch den Umgang mit uns Menschen. Vorschnell oder häufig eingesetzte Strafreize, Vernachlässigung der Schmusebedürftigkeit und des Spieltriebes und Unachtsamkeit im Umgang (zum Beispiel die unbeabsichtigte Verfolgung der Katze mit dem Staubsauger) können dazu führen, dass Ihre Katze sich von Ihnen zurückzieht und ängstlich und unausgeglichen wird.

Lob tut gut

Stärken Sie das Selbstbewusstsein Ihres Katzenkindes vom ersten Tag an. Sparen Sie nicht mit Lob und Zuwendung, dem A und O im Zusammenleben mit Ihrer Katze. Hat Ihr Kätzchen etwas Neues gelernt, zum Beispiel den Kratzbaum bis ganz oben zu erklettern, dürfen Sie ausgiebig loben und dazu Ihr Katzenkind an dem entsprechenden Ort kraulen und streicheln.

Zwingen Sie Ihre Katze nicht in unangenehme Situationen. Wenn es sich bei Besuch oder dem Schellen der Türklingel verstecken will, hilft es nichts, sie festzuhalten, bis sie anfängt sich zu wehren und gar in Panik kratzt oder beißt, um sich unter dem Sofa „in Sicherheit" zu bringen. Besser ist auch hier die Methode mit Lob und Leckerchen. Lassen Sie Ihre Katze zunächst im Versteck, dann gehen Sie in die Nähe und locken Sie mit freundlichen Worten, einem Spielzeug oder einem Leckerchen. Wenn Sie nicht die Geduld verlieren, lernt Ihr Katzenkind bald, dass Besuch gar nicht schlimm ist und die Wohnungsklingel nicht den Weltuntergang ankündigt.

Wunder, dass Ihr Kätzchen kaum weiß, was es tun soll, wenn plötzlich ein Zimmer renoviert oder vielleicht eine ganze neue Küche aufgebaut wird. Was Sie selbst nur am Rande wahrnehmen, stellt die Welt Ihrer Katze auf den Kopf: Alles riecht ganz entsetzlich neu und fremd. Da scheint fast der Versuch verständlich, durch das „Anpinkeln" des neuen Möbels den bedrohlichen Fremdgeruch zu überdecken.

Wenn Sie hin und wieder Ihrer Katze etwas ganz Fremdes mitbringen, lernt sie, dass es noch mehr gibt als die Welt in ihren vier Wänden. Es muss ja keine neue Couch sein – ein kleines Stück Holz aus der Restekiste im Baumarkt, einige Vogelfedern oder Baumrinde vom Waldspaziergang tun es auch. Ihre Katze kann sich auf fremde Gerüche einstellen und ist manchmal sogar lange Zeit mit der Untersuchung des Mitbringsels beschäftigt. Sie erweitert ihren Erfahrungshorizont und lernt, dass Fremdartiges nicht gefährlich sein muss. Dann wird sie sich auch nicht mehr einschüchtern lassen, wenn plötzlich etwas Ungewohntes – ein fremder Mensch oder ein neues Möbelstück – in ihr Leben tritt.

Häppchenweise Neues

Gerade Wohnungskatzen leben in einer sehr überschaubaren Welt. Über Monate und Jahre hinweg ist für sie alles gleich, das einzig regelmäßig Neue ist der Duft Ihrer Schuhsohle nach dem Spaziergang oder der Besuch von Bekannten. Kein

Keine Chance den „Unarten"

Haben Sie ein wenig Angst, dass auch Ihr Kätzchen sich eine der schlimmen Unarten angewöhnt, von denen andere Katzenhalter manchmal berichten? Aggressivität etwa, oder schlimmstenfalls gar Unsauberkeit?

Oft hat der Mensch dabei das Gefühl, dass er zwar alles für sein Kätzchen tut, es aber dennoch unartig ist, ihn schlimmstenfalls gar ärgern oder bestrafen möchte. Nun, diese Beweggründe sind Ihrer Katze garantiert völlig fremd. Meist handelt es sich um Aktionen, die Sie selbst Ihrer Katze unwissentlich und unbeabsichtigt anerzogen haben, manchmal sind es auch quasi Hilferufe eines kranken oder vernachlässigten Katzenkindes.

So kann Unsauberkeit sowohl auf eine Nieren- oder Blasenentzündung als auch auf Markierungsverhalten infolge von Geschlechtsreife hindeuten – ebenso aber auf unangenehme Erfahrungen auf der Katzentoilette. Vielleicht wird Ihr Kätzchen von anderen Katzen beim Toilettengang gestört, vielleicht empfindet es die Streu als zu grob, oder das Klo steht an einer Stelle, die der Katze unsicher erscheint (etwa weil manchmal direkt daneben die Waschmaschine mit dem Schleudern anfängt).

Auch Aggression, vor allem beim Streicheln oder Schmusen, kann auf Schmerzen zurückzuführen

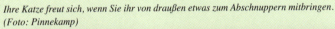

Ihre Katze freut sich, wenn Sie ihr von draußen etwas zum Abschnuppern mitbringen. (Foto: Pinnekamp)

Der Weg zur selbstbewussten Katze

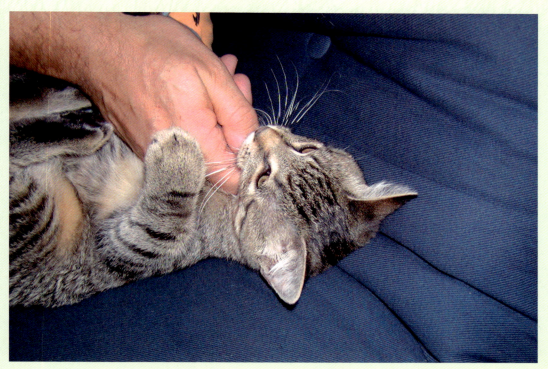

Selbst für Katzenkinder sollten die Finger kein Spielzeug sein.
(Foto: Vorbrich)

sein. Vielleicht aber haben Sie auch früher mit dem kleinen Katzenkind oft mit Ihren Fingern oder Zehen gespielt und Ihre Katze greift dieses Spiel jetzt wieder auf. Dann hilft oft energisches Wegschieben und Umlenken des Spieltriebs auf ein echtes Spielzeug.

Generell lassen sich die meisten sogenannten Unarten schnell abstellen, wenn Sie Ihre Katze, die Verhaltensauffälligkeit und Ihr eigenes Verhalten aufmerksam beobachten und analysieren. Oftmals ist Ihre Katze einfach gelangweilt und unterbeschäftigt. Spielen Sie häufiger mit ihr, beschäftigen Sie sie und binden Sie Ihre Samtpfote häufiger in Ihren Tagesablauf ein – dann legen sich die meisten Unarten ganz von selbst.

(Foto: Pinnekamp)

NUR DRINNEN
oder auch draußen?

Katzen sind als geborene Jäger typische „Draußentiere". Andererseits verbringen sie, selbst wenn sie die Wahl haben, oft viel Zeit in der Wohnung bei „ihren" Menschen. Und es ist auch möglich, Katzen an ein Leben ausschließlich in der Wohnung zu gewöhnen. Auf jeden Fall hat Ihre Entscheidung, ob Ihre Samtpfote ein Stubentiger oder ein Mäusefänger wird, Einfluss auf die Ansprüche, die die Katze an Sie stellt.

Spezialfall Wohnungshaltung

Nicht jeder kann oder mag in einem Häuschen mit Garten wohnen, wo die Katze problemlos Ausflüge in die Natur unternehmen kann. Manchmal machen Wohnlagen an einer Hauptverkehrsstraße den Freigang schlicht unmöglich. Dennoch spricht nichts dagegen, das Leben mit Katzen zu teilen, vor allem dann, wenn ein Katzenkind gar nichts anderes als das Leben in einer Wohnung kennengelernt hat. Außerdem sollten Sie sich darauf einstellen, Ihre Wohnung besonders katzengerecht einzurichten und Ihrem Salonlöwen besonders viel Aufmerksamkeit zu widmen, da die Abwechslung des Auslaufs fehlt.

Wenn die Katze sich nicht draußen austoben kann, muss dies halt in der Wohnung erfolgen. Klar, dass Sie in diesem Fall nicht mit einem einzigen Kratzbaum auskommen, wenn Ihre Katze sich wohlfühlen soll. Aber mit einer Vielzahl an Kuschelplätzen, Kratzbäumen und Unterhaltungsmöglichkeiten sowie einer Extraportion katzengerechter Zuwendung ist es keineswegs schlimm, wenn Sie Ihr Kätzchen nicht hinauslassen.

Eine Blumentopfwiese auf dem Balkon oder hinter einem sonnigen Fenster macht auch Wohnungskatzen richtig glücklich. (Foto: Vorbrich)

 Ein Katzenkind kommt ins Haus

Wenn die große Freiheit lockt

Wenn Sie die Möglichkeit haben, Ihrem Katzenkind Auslauf im Freien zu gewähren, dann können Sie sich für Ihre Katze freuen. Es ist nun einmal viel artgerechter für Ihren geborenen Jäger, wenigstens hin und wieder draußen umherstreifen zu können, statt ewig im komfortablen Gefängnis der Wohnung zu sein.

Ihre Katze wird ausgeglichener und Ihnen gegenüber anspruchsloser sein – und ganz einfach glücklich. Mit der richtigen Vorbereitung und ein paar Tricks können Sie außerdem dafür sorgen, dass Ihr Kätzchen von den meisten Gefahren verschont bleibt.

Im Bild festgehalten
Achtung: Machen Sie vorsichtshalber ein gutes „Ganzkörperfoto" von Ihrer Katze, wenn sie auch draußen herumlaufen darf. Schlimmstenfalls können Sie dann schnell ein gutes Suchplakat anfertigen.

Die ersten Ausflüge

Ideal ist es, wenn Sie Ihr Kätzchen erst nach der Kastration nach draußen lassen. So können Sie ganz sicher sein, dass es nicht gerade geschlechtsreif und vom paarungsbereiten anderen Geschlecht so magisch angezogen wird, dass es sich auf und davon macht.

Auf jeden Fall sollten Sie Ihrer Katze in den ersten vier Wochen bei Ihnen Hausarrest verordnen, damit sie sich an den typischen Lebensrhythmus und die Geräusche in der neuen Umgebung gewöhnen kann.

Folgende Punkte sollten Sie außerdem unbedingt beachten:

• Lassen Sie Ihre Katze zunächst nur hungrig nach draußen. Grummelt der Magen, reicht meist das vertraute Klappern der Futterschüssel, damit der kleine Abenteurer im Galopp nach Hause kommt.

• Legen Sie die ersten kurzen Ausflüge möglichst auf regnerische Tage. Nicht nur Sie selbst, auch Ihr Katzenkind findet Regen doof, und es ist eher bereit, wieder ins Haus zu kommen.

• Machen Sie anfangs nur kurze Stippvisiten mit Ihrem Katzenkind in die Freiheit und nehmen Sie sich die Zeit, in seiner Nähe zu bleiben. Sie verhindern dadurch Reizüberflutung und geben Sicherheit. Locken Sie es nicht weiter, als es selbst freiwillig gehen mag. Beim nächsten Mal ist es schon mutiger.

• Lassen Sie das Kätzchen anfangs nur dann hinaus, wenn Sie viel Zeit haben, um einen besonders unternehmungslustigen Abenteurer wieder einzufangen oder ihm immer wieder geduldig den richtigen Weg durch Katzenklappe oder das Kellerfenster zu erklären.

• Verpassen Sie nicht den richtigen Termin für die Kastration. Lassen Sie Ihre Katze lieber einen Monat zu früh als eine Woche zu spät kastrieren – vorausgesetzt, der Tierarzt gibt grünes Licht.

Ausweis dabei

Gewöhnen Sie Ihr Katzenkind schon früh an ein Halsband. Daran können Sie eine Adresskapsel befestigen und eventuell auch ein kleines Glöckchen, um der Katze den Vogelfang zu erschweren.

Außerdem sollte jede Katze durch eine Ohrtätowierung und einen Mikrochip identifizierbar sein. Die Ohrtätowierung wird in Narkose, üblicherweise bei der Kastration, gemacht und ist ohne Hilfsmittel zu sehen. Sie weist die Katze eindeutig als Besitzertier aus. Nicht immer sind die Tätowierungen jedoch gut zu lesen. Hier hilft der Mikrochip, der am Hals der Katze ohne Narkose unter die Haut gespritzt wird. Auf diesem ist eine mit einem Spezialgerät auslesbare Nummer gespeichert, die es nur einmal gibt und die Katze lebenslang als die Ihre ausweist. Sowohl Chipnummer als auch Tätowierung können Sie bei Vereinen wie Tasso e.V. (www.tiernotruf.org) unentgeltlich speichern lassen.

Planen Sie erste Ausflüge bei Regen oder Schnee – so kommt Ihr Kätzchen gern wieder ins Haus zurück. (Foto: Pinnekamp)

Beim ersten Ausflug in den Garten fühlt sich die Katze in Ihrer Nähe am sichersten. (Foto: Pinnekamp)

Ein Gartenreich für Katzen

Natürlich können Sie Ihren Garten in Alcatraz verwandeln. Manchmal reichen aber auch einige weniger aufwendige Vorsichtsmaßnahmen, um die Umgebung für Ihre Katze sicher zu gestalten.

Informieren Sie Ihre Nachbarn darüber, dass eine neue Katze in der Nachbarschaft unterwegs ist. Bitten Sie darum, zum Beispiel Drahtrollen oder zerbrochene Scheiben aus den Gärten zu entfernen, und bieten Sie auch Ihre Hilfe an! Bitten Sie außerdem darum, dass Ihr Katzenkind nicht von den Nachbarn gefüttert wird. Schließlich möchten Sie, dass Ihr Kätzchen auch wieder nach Hause kommt und nicht bei der netten Oma drei Häuser weiter einzieht. Ihre Nachbarn sollten wissen, dass sie sich bei Problemen und Beschwerden jederzeit direkt an Sie richten dürfen, denn im persönlichen Gespräch lässt sich gut um Verständnis für die Katze und Sie selbst werben. Eine unangemeldet auftauchende Katze, die Salatpflanzen

Nur drinnen oder auch draußen?

ausbuddelt, wird nicht wohlgelitten; wenn Sie sich aber schon im Voraus entschuldigen und mit einigen Blumen oder Salatpflanzen „gut Wetter" machen, ist das große Problem oftmals ganz klein.

Bis hierher und nicht weiter

Wenn Sie einen gut eingezäunten Garten oder einen geschlossenen Innenhof haben, der das ausschließliche Revier Ihrer Samtpfote werden soll (weil zum Beispiel scharfe Hunde in der Nachbarschaft wohnen oder die Verkehrslage gefährlich ist), haben Sie es recht leicht, diesen ausbruchssicher zu machen. Natürlich müssen Sie darauf achten, rechtzeitig Löcher in der Barriere zu reparieren. Einen einfachen Zaun können Sie durch einen im Fachhandel erhältlichen Pet-Fence mit entsprechendem Halsband (bei Überquerung bekommt die Katze einen leichten und vollkommen ungefährlichen Stromschlag) oder mit einem Elektro-Weidezaun ausbruchssicher machen. Bringen

Mit einem sicher eingezäunten Garten ist Freilauf auch in Großstädten kein Problem.
(Foto: Pinnekamp)

 Ein Katzenkind kommt ins Haus

Sie die blanken Drähte circa zehn Zentimeter innerhalb des vorhandenen Zauns in gut 30, 70 und 120 Zentimetern Höhe an. Ihre Katze wird bei einem Ausbruchsversuch einen leichten und für sie ungefährlichen Stromschlag erhalten und sich merken: Bis hierher und nicht weiter. Meist kommen Sie aber auch ohne eine solche Barriere aus und Nachbarschaft und Katze verstehen sich prima.

Typisch Draußenkatzen
Achten Sie unbedingt auf ausreichenden Impfschutz für Ihren kleinen Schützling. In manchen Gegenden ist eine Tollwutimpfung vorgeschrieben. Auch alle anderen Schutzimpfungen sollten auf jeden Fall aktuell sein. Außerdem werden Sie sicherlich ein Flohmittel, Wurmkuren und ein Zeckenmittel auf Vorrat benötigen. Ihr Tierarzt hilft Ihnen hier in allen Fragen weiter.

Machen Sie sich auf „Mitbringsel" Ihrer Draußenkatze gefasst. Das kann eine tote Maus auf der Fußmatte oder eine halb tote Maus unter dem Sofa bedeuten. Wie auch immer Ihre persönliche Einstellung gegenüber Mäusen – ob tot oder lebendig – sein mag: Tun Sie so, als würden Sie sich freuen. Ihr kleines Katzenkind bemüht sich redlich, seinen Teil zur Familienernährung beizutragen. Es bringt Ihnen tote Mäuse, damit Sie versorgt sind, oder lebende Mäuse, damit Sie lernen können, eine Maus zu fangen. Loben Sie Ihr Kätzchen für so viel Hilfe.

(Foto: Pinnekamp)

ZUM SCHLUSS

Gerade noch hatten Sie es mit einem kuscheligen, unbeholfenen Katzenkind zu tun – und schon rast die Zeit dahin und Ihr neues Familienmitglied wächst heran. Im Alter von etwa einem Jahr ist Ihre Katze einigermaßen erwachsen. Wenn Sie ihr bis hierhin einen optimalen Start ins Leben ermöglicht haben, steht einer langen, glücklichen Beziehung nichts im Wege.

Bei aller Freude über den kleinen Wirbelwind, der so viel Trubel in Ihren Alltag gebracht hat, werden Sie bestimmt auch ein wenig froh sein, dass Ihre Katze nun langsam etwas ruhiger und

„vernünftiger" wird. Jetzt werden Sie Ihre Samtpfote immer häufiger mit dem Namen ansprechen, Bezeichnungen wie „Lass das", „Weg da" oder Ähnliches sind nur noch in Ausnahmefällen nötig.

Ich kann Sie nun nur beglückwünschen, dass Sie die erste Zeit mit dem Familienzuwachs so gut gestaltet und die wichtigen ersten Hürden des Zusammenlebens überwunden haben. Freuen Sie sich auf eine lange und erfüllte Freundschaft zu Ihrem kleinen Raubtier. Eines kann ich Ihnen versprechen: Auch wenn Ihre Katze nun erwachsen wird, wird das Leben mit ihr garantiert nicht langweilig!

(Foto: Brodmann)

Tipps zum Weiterlesen

Bücher

Martina Braun
Clickertraining für Katzen
Brunsbek: Cadmos, 2005

Martina Braun
Kätzisch für Nichtkatzen
Brunsbek: Cadmos, 2007

Ferdinand Brunner
Die unverstandene Katze
3., überarbeitete Aufl. Augsburg: Naturbuch, 1994
(nur antiquarisch erhältlich)

Michael Hartmann/Thomas Steidl
Patient Katze. Krankheiten vorbeugen,
erkennen, behandeln
Reutlingen: Oertel + Spörer, 2001

Paul Leyhausen, Mircea Pfleiderer
Katzenseele
Wesen und Sozialverhalten. 2. Aufl.
Stuttgart: Kosmos, 2005

Dennis C. Turner
Das sind Katzen. Informationen für eine
verständnisvolle Partnerschaft
Stuttgart: Müller Rüschlikon, 1989

Susanne Vorbrich
Das Wohlfühlbuch für Wohnungskatzen
Brunsbek: Cadmos, 2005

Internet

Die Zahl von Informationsseiten, Katzenforen und Präsentationen gewerblicher Anbieter vom Futterproduzenten über Zeitschriftenverlage bis hin zu Tierärzten steigt täglich – deshalb ist es kaum möglich, konkrete Empfehlungen zu geben. Sicherlich lassen sich auch im Internet viele nützliche Informationen, Anregungen und Hilfestellungen finden. Doch leider ist nicht immer sichergestellt, dass Fragen in Foren von Fachleuten beantwortet werden, Einkaufsempfehlungen nicht nur einen kommerziellen Hintergrund haben oder wirklich fundiert und ausführlich auf ein Thema eingegangen wird. Sie sollten sich deshalb bitte unbedingt die Mühe machen, verschiedene Beiträge zu Ihrem speziellen Problem zu durchforsten und auf die Informationsquelle zu achten, damit Sie sichergehen können, gut beraten zu sein.

CADMOS KATZENBÜCHER

Heidi D. Schlosser/Dr. med. vet. Angelika Pürstl

Katzenlust
Katzengeheimnissen auf der Spur

Lieben Katzen ihre Besitzer? Lassen sich Katzen doch erziehen? Warum sind Katzen verschmust? Und haben sie einen sechsten Sinn?
Dieses Buch widmet sich den Geheimnissen des „Gesamtkunstwerks Katze", räumt mit alten Irrtümern auf und liefert neueste Erkenntnisse über Wesen, Fähigkeiten und Bedürfnisse unseres faszinierendsten Haustiers. Wunderschöne Fotos und kluge Zitate berühmter Katzenfreunde runden das Werk ab und machen einfach „Lust auf Katzen".

144 Seiten, gebunden
ISBN 978-3-86127-128-4

Martina Braun

Kätzisch für Nichtkatzen
So verstehen Sie Ihre Samtpfote

„Kätzisch" ist vielfältig: Katzen können aus mehr als miauen, fauchen und schnurren! Dieses Buch erklärt die Bedeutung verschiedenen Laute, aber natürlich au Mimik und Gestik, Körperhaltung und be dere Verhaltensweisen, damit der Katze besitzer seinen Stubentiger noch besse verstehen kann.

80 Seiten, broschiert
ISBN 978-3-86127-130-7

Martina Braun

Clickertraining für Katzen
Erziehung macht Spaß

Mit einem Click geht alles besser! Viel Spaß und Abwechslung bringt der Clicker in den Alltag des Stubentigers und seines Besitzers. Ob das stressfreie Betreten der Transportbox oder sogar ein richtiges Kunststück gelernt werden soll: Mithilfe des Clickertrainings ist bei Katzen Erstaunliches möglich!

80 Seiten, broschiert
ISBN 978-3-86127-124-6

Susanne Vorbrich

Das Wohlfühlbuch für Wohnungskatzen
Was sich Katzen wünschen

Wenn Wohnungskatzen artgerecht und respektvoll behandelt werden, steht einer glücklichen Mensch-Katzen-Beziehung nichts mehr im Wege. Praxisnah und humorvoll beschreibt die Autorin die besonderen Ansprüche, die ein Stubentiger an seinen Lebensraum stellt, und wie der Katzenbesitzer diese erfüllen kann.

128 Seiten, broschiert
ISBN 978-3-86127-122-2

Angela Münchberg

Katzen homöopathisch selbst behandeln
Helfen und heilen – sanft und natü

Praxisorientiertes Handbuch, das in über sichtlicher Form und auf der Grundlage fundierten Wissens Hilfestellungen für homöopathische Behandlung von Katze Großer Wert wird auf die gründliche Di und das Erkennen der Grenzen gelegt, d Hinzuziehen eines ausgebildeten Tierhei praktikers oder Tierarztes erfordern.

80 Seiten, broschiert
ISBN 978-3-86127-123-9

Cadmos Verlag GmbH · Im Dorfe 11 · 22946 Brunsbek
Tel. 04107 8517-0 · Fax 04107 8517-12 · info@cadmos.de
Besuchen Sie uns im Internet: www.cadmos.de